Das Autonomierecht

des hohen Adels

in seiner Entwicklung seit der Aufhebung des älteren Deutschen Reiches.

Von

Dr. jur. Karl Scholly.

München.
J. Schweitzer Verlag.
(Jos. Eichbichler.)
1894.

Einleitung.

Mit Auflösung der Gauverfassung hauptsächlich seit dem Interregnum war es den Inhabern der Fürstentümer und Grafschaften gelungen sich aus der Beamtenstellung, welche allerdings durch die sich fast stets in denselben Familien vollziehenden Belehnungen mit diesen Ämtern besonders in der karolingischen Zeit den Keim der Erblichkeit in sich getragen hatte, zu erblichen Landesherrn emporzuarbeiten.

Die weitere Entwicklung des Herrenstandes, zu welchem die Familien der Geschlechter, denen die Erreichung dieses Zieles gelungen war, gerechnet wurden, im Verhältnisse zu den ehemaligen Mittelfreien, die Erhebung in den hohen Adel durch den Kaiser kraft seines Reservatrechtes, und die Beschränkung dieses Rechtes durch die Reichsfürsten seit dem Jahre 1654 liegt außerhalb des Rahmens der nachfolgenden Untersuchung und kann in dieser Hinsicht auf die auf diesem Gebiete sehr reichhaltige und fruchtbare Literatur verwiesen werden.

In den ältesten Zeiten lebten die hochfreien Geschlechter, trotzdem sie sich naturgemäß höher dünkten als die übrigen Freien nach den eigentümlichen deutschen Stammesrechten, während im Mittelalter, soweit es sich um Allodialgüter handelte, die Rechtsverhältnisse derselben nach dem allgemeinen Landrechte beurtheilt wurden, wobei bezüglich der Immobilien das Recht des Gerichts maßgebend war, wo die Grundstücke lagen.

Zur Zeit der Abfassung des Sachsenspiegels galten die hochfreien Geschlechter wohl als primi inter pares, aber ein prinzipieller Gegensatz bestand zwischen dem Herrenstand und den übrigen Freien durchaus nicht, wenn sich auch einige singuläre Ausnahmsbestimmungen zu seinen Gunsten im Sachsenspiegel vorfinden.[1])

Anders liegt die Sache im Schwabenspiegel. In ihm tritt uns der Herrenstand bereits als der höchste und zwar streng abgeschlossene Geburtsstand entgegegen, in dem die Ehen der Hochfreien mit Mittelfreien als Mißheiraten angesehen werden, und bei welchen die Kinder der ärgeren Hand folgen; er ist auch in anderer Beziehung günstig gestellt, so darf ein Hochfreier die Morgengabe

---

[1]) H. Schulze das Erb- und Familienrecht der deutschen Dynastien des Mittelalters S. 5.

nach seinem Vermögen bestellen, während die andern Freien nur zehn Mark darreichen können.

Im übrigen war sowohl für die Familie des höchsten Adeligen wie des geringsten Freien das Landrecht anwendbar, eine Beobachtung, die wir hauptsächlich auf dem Gebiete des Erbrechts finden.

Im Sachsenspiegel waren die Töchter in ihrem Erbrecht günstig gestellt, noch günstiger war ihre Stellung im Schwabenspiegel. Während nach Lehenrecht nur ein Sohn mit dem Fürstentum oder der Grafschaft belehnt werden konnte, wurden die übrigen Hausgüter gleichheitlich unter alle Kinder geteilt. Ein Vorzug der Agnaten vor den Kognaten, wie er sich in späterer Zeit ausgebildet hat, und wie er im alten deutschen Lehenrecht bestanden war, ist zu dieser Zeit abgesehen von staats- u. lehensrechtlichen Verhältnissen noch unbekannt, ja aus den Rechten, in denen früher ein solcher bestanden hatte, fast völlig verschwunden.

Das Erbrecht beruhte auf der Blutsverwandtschaft und konnten die nächsten Erben jede Verfügung über Immobilien, zu denen zuweilen auch andere Gegenstände im Interesse an der Erhaltung des Familienglanzes z. B. das Silbergeräthe gerechnet wurden, durch ihr Beispruchs- oder Warterecht hindern.

Allmählich schwächte sich jedoch die alte Strenge dieses Rechts mehr und mehr ab; die Grundanschauungen, von denen es ausgegangen war, traten zurück vor den Bedürfnissen des Verkehrs und vor der steigenden Macht der beweglichen Habe, besonders des Geldes und so verlor sich der Beispruch der Verwandten entweder ganz oder er wurde herabgedrückt zum Näherrecht der Familiengenossen oder er wurde auf die Söhne allein beschränkt.

Diese Behandlung des Warterechts in Verbindung mit dem hauptsächlich in den Grafschaften einreißenden Teilungswesen, untergrub die Fundamente des alten Stammgutssystems und führte eine großartige Verschleuderung hochadeliger Familiengüter und damit den Ruin vieler Geschlechter herbei. Manche Familien schützten sich gegen die Grundsätze des Landrechts durch Observanzen, wodurch eine abweichende Erbfolge eingeführt wurde, eine durchgreifende Regelung wurde jedoch erst durch die hauptsächlich seit dem 14. Jahrhundert sich bildende Hausgesetzgebung erzielt.

Zur Zeit der Reception des römischen Rechts galt von den alten Landrechten in den Kreisen des hohen Adels eine große Anzahl Sätze nicht mehr, an ihre Stelle waren Observanzen und Gewohnheiten getreten, wie sie den eigenen Standesbedürfnissen entsprachen. Dem ausgebildeten fremden Rechte gegenüber, das mit seinen Lehren über gesetzliche Erbfolge, Testamente, Dotal- und Paraphernalgut, den Bestand der hochadeligen Familien, wenn auch nicht zu vernichten, so doch in seinen Grundvesten zu erschüttern drohte, trat das Recht des Adels und zwar sowohl das des alten

Herrenstandes als auch das der übrigen Freien in entschiedenen Gegensatz.

Dem hohen Adel, welchem es gelungen war, sich zu erblichen Landesherrn aufzuschwingen, der damals auf der höchsten Blüthe stand und eine großartige Entwicklung erfahren hatte, mußte dieser Kampf leichter gelingen, als den andern Freien. Der Landesherr hatte über sein Territorium die jurisdictio, die im Mittelalter als der Inbegriff der vollen Regierungsgewalt angesehen wurde und damit den größten Einfluß auf die Rechtssprechung. Vermöge seiner Landeshoheit hatte er aber auch das Recht, in seinem Lande ohne alle kaiserliche Bestätigung Gesetze zu geben selbst dadurch Reichsgesetze abzuändern, besonders wenn der salvatorische Klausel erteilt war, falls er nur die Grundgesetze, die Reichsverfassung oder absolut gebietende und verbietende Reichsgesetze, die auf öffentliches Recht sich bezogen, nicht verletzte.[1])

So gelang es dem hohen Adel noch unterstützt durch Sitz und Stimme auf der Reichsversammlung leichter, die durch das römische Recht eingeführten Grundsätze von sich abzuhalten als den übrigen Adeligen; nur die Reichsritterschaft erreichte zum Teil das gleiche Ziel durch die Statuten ihrer streng geschlossenen mächtigen korporativen Verbände.

Unumschränkt war freilich das Gesetzgebungsrecht resp. die Autonomie des hohen Adels nicht. Begrenzt war sie einmal durch die Reichs- und Landesverfassung, sowie durch die dem Kaiser vorbehaltenen Reservatrechte, anderseits durch die speziell rechtliche Beschaffenheit des Gegenstandes der Verfügung und durch die wohlerworbenen und gesetzlich unentziehbaren Rechte Dritter. Eingeschränkt war die Hausgesetzgebung durch die reichsunmittelbare Stellung der Familiengenossen; diese standen ebenso wie das Haupt selbst unter Kaiser und Reich, und war daher der Chef bezüglich aller die Agnaten betreffenden Bestimmungen an die Zustimmung dieser gebunden. Ihnen gegenüber half man sich auf dem Wege der Verträge.

Diese Klasse von Rechtsgeschäften war daher die wichtigste und zahlreichste, wenn auch nur Form, da der Inhalt derselben sich fast gar nicht auf Anwendung eines bestehenden Rechtssatzes zurückführen ließ, über die Schranken des Privatgeschäfts hinausgegangen und mancher Satz des gemeinen Rechts verletzt wurde. Um solchen Verträgen größere Sicherheit und größeres Ansehen zu verleihen, wurde die kaiserliche Bestätigung eingeholt und sehr häufig die eidliche Bestärkung seitens der Familenglieder verlangt.

Die Hausgesetzgebung ging aus den eigentümlichen Standesbedürfnissen des hohen Adels hervor; es mußte im Interesse dieser

[1]) Entscheid. d. obersten Gerichtshofes für Bayern B. IV S. 777.

Geschlechter liegen, die Lehengüter und Allode ausschließlich den Söhnen zu erhalten, dadurch den Trägern des Namens die Möglichkeit zu gewähren, die politische Stellung der Familie zu bewahren und den Glanz und das Ansehen derselben zu vermehren.

Hatte man früher dieses Ziel zum Teil dadurch zu erreichen gesucht, daß man von den Haustöchtern gegen eine angemessene Aussteuer einen förmlichen Verzicht auf die Familiengüter verlangte, so wurde jetzt in den Hausgesetzen das ausschließliche Erbrecht der männlichen Descendenten angeordnet und in Familienverträgen anerkannt.

Diese Bewegung vollzog sich nicht auf einmal, sondern erst allmählich, aber überall gelangte sie in der Form der agnatischen Individualsuccession und zwar als Primogenitur zum Abschluß.[1])

Aus dieser veränderten Erbfolge ergab sich die Notwendigkeit die Nachgeborenen zu apanagieren und die Töchter entsprechend auszustatten. Seit dem 14. Jahrhundert wird in Hausgesetzen die Höhe des Heiratsguts ein für allemal festgesetzt, ebenso wird die Morgengabe, die vor Einführung autonomischer Beliebungen jedesmal in schriftlichen Eheverträgen für den einzelnen Fall zugesagt zu werden pflegte, vertragsmäßig zugesichert und in einzelnen Häusern geradezu als Standespflicht angesehen. Ebenso findet sich die Widerlegung (contrados, donatio propter nuptias), die Bestellung eines Witthums für die Frau in den Hausgesetzen verordnet.

Diese Institute treten in allen Teilen Deutschlands gleichmäßig beim hohen Adel auf, trotzdem das eheliche Güterrecht auf der Grundlage der ehemännlichen Vogtei sich sehr verschieden gestaltet hat.

Wie bezüglich des Erbrechts ursprünglich die Stammesrechte und später die Landrechte maßgebend waren, so war dies auch hinsichtlich des Alters der Großjährigkeit der Fall; der Großjährigkeitstermin ist seit dem 14. Jahrhundert in sämmtlichen Hausgesetzen auf das 18. Jahr hinausgeschoben. Bezüglich der Vormundschaft ist zu bemerken, daß ein strenger Unterschied zwischen Regierungs- und persönlicher Vormundschaft nicht gemacht wurde, daß die goldene Bulle die staatsrechtliche Stellung des Regierungsvormundes von der privatlichen für die Curfürstenthümer zu sondern suchte, daß man auch in den Hausgesetzen des übrigen Herrenstandes einen Unterschied zu machen anfing, der aber wegen des unentwickelten Staatsrechtsbegriffs vielfach praktisch nicht durchgeführt wurde, doch hat sich auf diesem Gebiete der Vorzug des

---

[1]) Moser Familienstaatsrecht I. S. 298.

„Ja als einige Häuser anfingen, das Erstgeburtsrecht einzuführen, war es doch in andern noch so verhaßt, daß man wohl Familien pacta machte, daß es nimmermehr eingeführt werden sollte, auch gar Unsegen und eine Art des Fluchs darauf legte, wenn man sich unterstehen würde, es zu thun."

Mannesstamms geltend gemacht, indem die Vormundschaft aus einer kognatischen eine rein agnatische wurde.

Sonstige hausgesetzliche Anordnungen finden wir über Namen, Stand und Religion der Familienglieder, es werden häufig in denselben Mittel und Wege angegeben, wie der Glanz der Familie erhöht werden kann, besonders über die Wirkungen ebenbürtiger Ehen.

Das alte Ebenbürtigkeitsprincip war im Laufe der Zeit einer sehr laxen Auffassung vorzüglich unter dem Einfluß der romanistischen Doktrin gewichen, es hatte sich aus dem Begriff der ebenbürtigen Ehe die Standesmäßigkeit ausgebildet. Wenn auch in vielen Familien strenge Grundsätze bezüglich dieses Punktes bestanden, so hat sich doch weder zu Reichszeit noch auch heute ein fester, eng begrenzter Begriff der standesmäßigen Ehen gebildet, daß dieses der Fall war, ist hauptsächlich dem Eingreifen des Kaisers, der jede Standeserhöhung als ein ius reservatum illimitatum ansah, zuzuschreiben.[1]) Für die heutige Zeit empfehlen sich für die Kreise des hohen Adels strenge Bestimmungen; es ist ihnen durch Art. XIV. der Bundesakte mit den regierenden Familien die Ebenbürtigkeit zugesichert und pflegt man doch gerade in letzteren in dieser Hinsicht es sehr genau zu nehmen; auch für das Privatrecht speziell auf dem Gebiete der Erbfolge sind solche Festsetzungen von Wichtigkeit, indem die Entscheidung über die Wirkungen einer Ehe zunächst nach den Hausgesetzen, in Ermangelung solcher nach der in der Familie geübten Observanz und erst in letzter Linie nach dem Privatrecht zu treffen ist.[2])

Durch Familienverträge wurden in früherer Zeit sehr häufig Erbverbrüderungen geschlossen, wodurch mehrere Familien oder verschiedene Zweige eines und desselben Geschlechts sich gegenseitig ihre Güter zusicherten für den Fall, daß die eine Linie oder Familie ganz oder doch im Mannesstamm aussterben sollte.

Diese sind auch heute noch von praktischer Bedeutung, indem die meisten Hausgesetze der regierenden Familien solche Verträge mit den ehemals reichsständischen Familien zulassen[3]) und ein im Jahre 1433 zwischen den Grafen von Stolberg und dem Fürsten von Schwarzburg abgeschlossener Vertrag event. noch praktische Wirkung ausüben könnte.[4])

Den Schluß der Familienverträge bilden in der Regel Bestimmungen über Austräge und Beschwörung der Hausgesetze; von den Austrägen ist zu bemerken, daß ihnen durch § 7 des

---

[1]) Vergl. Entscheid. des obersten Gerichtshofes für Bayern B. I S. 100 ff.

[2]) v. Roth bayr. Civilrecht B. I. S. 217 Note 14, Entsch. des Reichsgerichts in Civilsachen B. II. S. 150.

[3]) cfr. bayr. Verfas.-Urk. Tit. II. § 5.

[4]) Moser Familienstaatsrecht I. S. 1011.

Einf.-Gesetz. zur Ger. Verf. Ges. ihre Geltung nicht entzogen ist. (cfr. bayr. Edikt vom 26. Mai 1818 § 6.)

Betrachten wir das Gebiet, auf das sich nach vorstehendem die Autonomie erstreckt hat, so sehen wir, daß sie nie auf das staatsrechtliche Bereich übergriff, weshalb die Behandlung des Privatfürstenrechts durch die früheren Publicisten als ein Teil des Staatsrechts der Begründung entbehrte und sich nur durch die hervorragende Stellung erklären läßt, welche den vormals reichsständischen Häusern zugekommen war.

Anerkannt war die Autonomie des hohen Adels durch verschiedene Reichsgesetze, so bestimmt z. B. Art. 1 § 9 der Wahlcapitulation von 1711: „Sollen und wollen auch Curfürsten, Fürsten und Ständen — die sowohl vor als nach diesem Wahlvertrage gemachten und auch in Zukunft vermöge der ihnen zustehenden Rechte zu machenden den Reichsgesetzen gemäßen besonders dem westphälischen Frieden Art. 8 § 2 Uniones zuvörderst aber die unter Curfürsten, Fürsten und Ständen aufgerichteten Erbverbrüderungen auf gebührendes Ansuchen ohne Weigerung und Aufenthalt in beständiger Form confirmieren."

Nachdem im vorstehenden die Entwicklung der Autonomie in den Kreisen des hohen Adels und der materielle Umfang derselben kurz dargelegt ist, dürften einige Worte über die Ausübung noch am Platze sein.

Für die Form der Verträge sind die Hausgesetze und Observanzen der einzenen Familien bestimmend. Regelmäßig ist dieselbe die eines Vertrags, der einen übereinstimmenden Beschluß sämmtlicher selbständigen Agnaten verlangt. Insoweit die Agnaten oder ihre Nachkommen irgendwie verpflichtet werden sollen, müssen alle männlichen Glieder der Familie zur Abgabe ihrer Erklärung zugezogen werden, wobei dieselben nicht allein ausdrücklich, sondern auch durch konkludente Handlungen zustimmen können; würde das Haupt ohne Agnaten ein neues Statut treffen, so wären diese an derartige Dispositionen nicht gebunden.[1])

So selbstständig nun die Stellung der Agnaten ist, niemals geht ihr Recht soweit, daß sie wider den Willen des Hauptes autonomische Dispositionen treffen können. Minderjährige männliche Agnaten sind durch einen Spezialvormund zu vertreten, ebenso wäre für die nasciturі ein Curator zu bestellen, doch wird in einem solchen Falle regelmäßig abgewartet werden; für die Ungeborenen

[1]) Dieses Grundprinzip ist nicht immer genau befolgt worden, denn es finden sich zahlreiche Beispiele, daß bei Einführung der Primogenitur die Agnaten um ihren Consens nicht angegangen worden sind. Moser Familienstaatsrecht I. S. 309. Reichsger. E. B. XXII. S. 277 ff. „Ein Rechtssatz, welcher das Haupt berechtigt, auch persönliche Privilegen der einzelnen Familienglieder aufzugeben, ist nicht zu finden."

ist eine Curatel unnötig, da diese von der Gesammtheit der Lebenden vertreten werden, daß die weiblichen Agnaten und kognatische Verwandtschaft nicht zu konsentieren braucht, folgt aus der Erwägung, daß dieselben keinen Anteil am Gesammteigenthum haben.[1])

Andere Verfügungen, welche nicht die Substanz des Guts betreffen, und wodurch wohlerworbene Rechte dritter nicht berührt werden, wie reglementarische Bestimmungen über Cermoniell, über Kinderziehung kann das Haupt für sich allein treffen. Eine Zustimmung der Agnaten ist ferner in dem Falle nicht erforderlich, wenn ein Standesherr, der selbst keine pflichtteilsberechtigte Descendenz besitzt, oder bei deren Vorhandensein ihre Rechte gewahrt hat, ein Fideikommis gründen will; in diesen Fällen können an die Erwerbung des Gutes die verschiedensten Bedingungen geknüpft werden.

Daß durch autonomische Satzungen nicht allein neue Rechtsnormen geschaffen, sondern auch schon bestehende Familienverträge aufgehoben oder abgeändert werden können, freilich unter Beobachtung der für diesen Fall event. getroffenen erschwerenden Bedingungen, ist nach allgemeinem Gewohnheitsrecht sowohl für die souveränen als standesherrlichen Familien anerkannt.[2])

Über den Begriff und den Rechtsgrund der Autonomie gehen die Meinungen weit auseinander. Von fast allen Schriftstellern wird dieselbe als wirkliche Rechtserzeugung angesehen, über den Rechtsgrund jedoch herrscht keine Einigkeit. Während manche denselben in der staatsrechtlichen Stellung finden, durch welche die regierenden Familien in der Lage waren, vermöge ihrer Landeshoheit die Anwendung des fremden römischen Rechts, insbesondere des Familien- und Erbrechts von sich abzuhalten und sich beim hergebrachten Rechte zu behaupten, ja sogar Festsetzungen, welche im eigenen Interesse zur Erhaltung und größeren Entfaltung des splendor familiae erlassen waren, zu solchen für das ganze Land verbindlichen Rechtsnormen zu gestalten[3]), führen andere ihn auf das Gewohnheitsrecht zurück, welches der reichsständische Adel zu allen Zeiten in sich entwickelte, fortbildete und in Familienverträgen und Hausgesetzen zum Ausdruck brachte[4]) oder die Autonome als ein regelmäßiges mit der freien germanischen Corporation verbundenes Attribut auffassen[5]), spricht Gerber ihr die Qualität einer

[1]) Bezüglich der Erbverbrüderung cfr. Zachariae Staatsrecht I. S. 186.

[2]) Entsch. des Reichsgerichts B. XXVI. S. 161.
Entsch. des obersten Gerichtshofes für Bayern. B. IV. S. 776.

[3]) Zachariae deutsches Staatsrecht II. S. 85.

[4]) Gengler Privatrecht S. 31. Zöpfl Staatsrecht B. II. S. 115, Böhlau Mecklenb. Landrecht S. 350 ff. Maurer im deutschen Staatswörterbuch B. I S. 611, in der kritischen Überschau B. II. S. 229 ff.

[5]) Beseler über die Stellung des bürgerl. Gesetzbuchs zu dem Familienrecht des hohen Adels S. 16 ff. Gierke Rechtsgeschichte der deutschen Genossenschaft S. 413 ff.

Rechtsquelle völlig ab und findet in dem Inhalt der Hausgesetze nicht Aufstellung von Rechtssätzen, sondern nur Anwendung von speziell für das deutsche Recht geschaffenen Instituten, wie z. B. Stammgütern, Fideikommissen, aus welchen der Schein objektiven Rechts sich daraus ergebe, daß diese besonderen Institute eben nur auf die hochadeligen Häuser beschränkt seien [1]).

Nach diesen kurzen einleitenden Bemerkungen gehen wir über auf den Gegenstand der eigentlichen Abhandlung und beginnen mit der Schilderung der Verhältnisse zur Zeit des Rheinbundes.

I. Kapitel.

Die Rheinbundsperiode. Bestrebungen, die Autonomie des hohen Adels abzuschaffen.

Die Gründung des Rheinbunds hatte auf die Gestaltung Deutschlands den weittragendsten und nachhaltigsten Einfluß. Ohne jeden Schein von Recht wurden durch Art. 24 der Rheinbundsakte 72 Fürsten, Grafen und Herren mit ihren Besitzungen der Souveranität ihrer ehemaligen Mitstände unterworfen, oder, wie man sich im Anschluß an den Sprachgebrauch der Reichszeit nicht ganz zutreffend auszudrücken pflegt, mediatisiert [2]). Im Gefühle des an diesen unglücklichen Opfern [3]) begangenen Rechtsbruchs wurde denselben in der Akte eine bevorzugte Stellung zugesichert, sie wurden gleichsam zu einer Art Unterlandesherrn gemacht. So bestimmt z. B. Art. 27: Les princes ou comtes actuellement régnants conserveront chacun comme propriété patrimoniale et privée tous les domaines sans exception qu'ils possèdent maintenant, ainsi que tous les droits seigneuriaux et féodaux non essentiellement inhérents à la souveraineté.

Dieser Artikel erwähnt nicht, wie es mit der Autonomie der vormals reichsständischen Familien gehalten werden sollte; doch ist durch die Worte propriété patrimoniale et privée unverkennbar zum Ausdruck gebracht, daß die Akte in die eigentümlichen Güterverhältnisse der Subjicierten nicht eingreifen, sondern ihnen die fernere Regelung derselben, wie sie ihnen zu Reichszeiten zugekommen war, belassen wollte [4]).

---

[1]) Gerber Privatrecht S. 51 im Archiv für die civilistische Praxis B. XXXVII. S. 35–62.

[2]) Ueber dem Ausdruck Mediatisierung cfr. Berchtold im deutschen Staatswörterbuch B. X. S. 167.

[3]) Diese Worte finden sich im ersten Vortrag der österreich. Gesandtschaft.

[4]) Pernice observationes de principum comitumque subjectorum juris privati mutata ratione Halle 1827 S. 11 Entscheid. des Reichsgerichts in Civilsachen B. XXVI. S. 156.

Kurze Zeit schon nach Erlaß der Rheinbundsakte noch im Jahre 1806 hatte infolge verschiedener Beschwerden von Standesherrn wegen Verletzung der durch die Akte zugesicherten Rechte der Fürstprimas der rheinischen Conföderation, der Präsident der Bundesversammlung, dem selbst einige Standesherrn subjiciert worden waren, einen Aufsatz in Umlauf gesetzt, der es für ein dringendes Bedürfnis erklärte, daß über die in der Rheinbundsakte festgesetzten Verhältnisse der vormals reichsständischen Familien nähere Bestimmungen mit größter Präcision getroffen würden, damit nicht einerseits die Territorialgewalt der Souveräne in Willkür übergehen könne und andererseits nicht ewiges Mißtrauen und unangenehmes Widerstreben der Mediatisierten erfolge. Er ging dabei von dem richtigen Grundsatze aus, daß alle Rechte und Vorzüge, welche durch die Rheinbundsakte nicht ausdrücklich diesen Familien entzogen worden seien, ihnen verbleiben, und daß im Zweifel zu ihren Gunsten eine Auslegung erfolgen müsse. Es sollten nach seinen Vorschlägen den Standesherrn ihre Familien-Verträge unverrückt aufrecht erhalten bleiben, ja sie sollten sogar unter gewissen Einschränkungen für ihre vormaligen Unterthanen neue privatrechtliche Statuten erlassen dürfen [1]).

Diese beherzigenswerten Vorschläge des von den besten Gefühlen für die Subjicierten beseelten Fürsten fanden bei seinen Standesgenossen nicht überall Gehör, denn während nur wenige Souveräne sich einer Regelung der standesherrlichen Verhältnisse enthielten und so stillschweigend den durch die Rheinbundsakte geschaffenen Rechtzustand weiter bestehen ließen, [2]) ergingen in andere Staaten dem Geiste der Akte völlig widersprechende Verordnungen, welche die den Standesherrn zugesicherten Rechte entweder aufhoben, oder doch sehr bedeutend einschränkten.

So wurde in Württemberg gegen die dem König Friedrich unterworfenen Reichsstände die Verwandlung in einfache Unterthanen mit der größten Rücksichtslosigkeit durchgeführt. Es wurde ihnen entgegen den Zusicherungen der Rheinbundsakte jede Gerichtsbarkeit entzogen, das durch Art. 31 garantierte Recht in jedem mit dem Bunde in Frieden lebenden Staat sich aufzuhalten vollständig abgesprochen, ja sie wurden Beschränkungen der Aufenthaltsfreiheit unterworfen, von denen andere Unterthanen verschont blieben; so mußten sie jährlich 3 Monate in Stuttgart zubringen und jeden Wechsel ihres Aufenthalts dem Vogteiamte mitteilen, „auf daß man sie wieder zu finden wisse“, und endlich wurde ihre

---

[1]) Klüber Uebersicht der diplomatischen Verhandlungen des Wiener Kongresses S. 277.

[2]) z. B. Hohenzollern-Sigmaringen vergl. Pernice S. 23.

Familienautonomie durch die Verordnung vom 22. April 1808 aufgehoben, die folgendermaßen lautet:

Wir finden Uns in Erwägung der vorliegenden Verhältnisse bewogen andurch zu verordnen, daß die in dem württembergischen Landrechte enthaltenen Bestimmungen der Erbfolge auch für alle der höchsten Souveränität unterworfenen Fürsten, Grafen und Rittergutsbesitzer die einzige allgemeine verbindliche Rechtsnorm sein sollen, so daß alle bisherigen Rechtsgewohnheiten, testamentliche Verordnungen, Erbverträge und andere Familiengesetze, welche bisher ein von den landesrechtlichen Bestimmungen abweichendes Erbfolgerecht für einzelne Familien festgesetzt hatten, von nun an unkräftig sind. Successionsfälle, die vor Erlassung der Verordnung eingetreten sind, sollen noch nach den vorher bestandenen Familiennormen beurteilt und erledigt werden. Spätere hingegen sollen nach der gegenwärtigen Vorschrift dergestalt erledigt werden, daß auch früher geschehene Entsagungen und Verzichte ungültig sind.

Diese Verordnung genügte der Regierung nicht und es erging, um dem Güterrecht des hohen Adels den Todesstoß zu versetzen unterm 26. April 1812 ein neues Edikt, wodurch sämtliche vorhandene Stammgüter und Familienfideikommisse einfach aufgehoben, und zugleich ihre fernere Errichtung verboten wurde.

Daß in den Gebietsteilen, welche im Jahre 1810 unter französische Herrschaft gekommen waren, die Autonomie der hohen adeligen Familien völlig vernichtet wurde, kann nicht Wunder nehmen, wenn man die französische Rechtsentwicklung auf diesem Gebiete etwas näher ansieht.

Vor der Revolution gab es im größten Teile Frankreichs adelige Stammgüter, von denen Montesquieu in seinem esprit des lois sehr treffend bemerkt, daß sie die sicherste Basis der Aristokratie seien und das beste Mittel diese zu erhalten, indem sie als ein Vorrecht dieses Standes erklärt würden. Durch Gesetz vom 14. November 1792 wurden die vorhandenen Güter, als unvereinbar mit dem Geiste der neuen Verfassung, als streitend mit dem rechtlichen Wesen des Eigentums, als verwerflich aus Gründen der Nationalökonomie, aufgehoben und für die Zukunft untersagt. Auf gleichem Standpunkt steht der code Napoléon, der es für unbillig erachtet durch fideikommissarische Substitutionen des Erstgeborenen die andern nachgeborenen Kinder, in ihrem Erbrecht zurückzusetzen[1]). Das Gesetzbuch verbietet in Art. 896 alle Substitutionen und damit ist die Errichtung und Erhaltung von Stammgütern unmöglich gemacht.

---

[1]) Zachariä-Puchelt französ. Zivilrecht B. IV S. 349 Note 3 vergl. auch Akten des Wiener Congresses von Klüber VI S. 475. Stern II. Aufl. zu Art. 896.

In Westphalen, wo der code am 1. Januar 1808 Gesetzeskraft erlangte, erging auf die Anfrage des Königs, welche Wirkung der art. 896 auf solche Substitutionen äußere, die schon vor Einführung desselben existiert hätten, ein Staatsratsgutachten des Inhalts, daß fideikommissarische Substitutionen nicht weiter bestehen könnten, daß jedoch der nächste Anwärter, der vor dem 1. Januar 1808 geboren sei, aber nur er allein, noch zur Succession gelangen, aber ihm völlig freie Verfügung über seine Güter zustehen solle. Ebenso sprach sich ein zweites genehmigtes Gutachten dahin aus, daß diejenigen fideikommissarische Substitutionen, in Rücksicht welcher am 1. Januar 1808 kein Successor am Leben gewesen sei, gänzlich aufgehoben seien.

Hieraus sieht man deutlich, daß im ganzen Gebiet des Königreichs neue Fideikommisse nicht mehr errichtet werden durften, daß die noch bestehenden in der Hand des gegenwärtigen Eigentümers freies Eigentum wurden, wobei nach dessen Absterben nicht mehr nach Primogeniturordnung, sondern nach den Grundsätzen des französischen Rechts succediert wurde. Ferner wurde durch ein Dekret vom 25. März 1809 der Lehenverband völlig aufgelöst, indem alle und jede Lehen in völlig freies Eigentum verwandelt wurden, in der Weise, daß der Besitzer dieselben nach Gefallen veräußern und mit Hypotheken belasten konnte; alle Rechte der Lehensfolger wurden für erloschen erklärt[1]).

Im Großherzogtum Berg wurde durch ein kaiserliches Dekret vom Jahre 1809 jede Lehensverbindung aufgehoben und mit Einführung des code civil am 1. Januar 1810 allen statutarischen Bestimmungen und Gewohnheiten jede Geltung entzogen hinsichtlich der Materien, welche das Gesetzbuch selbständig regelt, also auch hier die Autonomie verrichtet[2]).

Im souveränen Fürstentum Isenburg wurden zwar gegen Familienverträge keine Aufhebungsgesetze erlassen, wohl aber wurden die Verträge auf jede Weise verletzt, wie man aus einem auf dem Kongreß übergebenen Verzeichnis einiger der fürstlichen isenburgischen Souveränitätsmißbräuche ersehen kann, wo unter Ziffer 6 gesagt ist: „Die beschworenen Hausverträge wurden fürstlicherseits fast täglich auf mannigfache Weise verletzt. Insbesondere glaubt sich die Durchlauchtigste Fürstin, weil sie aus einem anderen Hause ist und dieselben nicht beschworen hat, gar nicht daran gebunden[3])."

Im Großherzogtum Baden, wo am 1. Juli 1809 das französische Gesetzbuch als Landrecht eingeführt wurde, machte man zu Art. 896 folgenden die Autonomie der Standesherrn sicherstellenden Zusatz:

---

[1]) Anders Pernice S. 29 ff. die dortige Litteratur.
[2]) Klüber Abhandlungen und Beobachtungen I. S. 96 ff.
[3]) Akten II. S. 215.

Nur dasjenige Gut, welches durch Verordnung des Staatsoberhaupts zu Gunsten seiner eigenen Familienglieder oder der stamm- auch lehenerbberechtigten Familien für Stammgut erklärt ist, kann nach den desfalsig besonderen Gesetzen als Erbe für die Nachkommen unveräußerlich sein. Ausdrücklich wurde dabei die fortwährende Wirksamkeit der Familienverträge betont.

Durch diesen Vorbehalt wurde die 1807 erlassene Verordnung in allen Teilen aufrecht erhalten, nach welcher die bisher bestandenen Familienverträge in Kraft bleiben sollten, soweit sie mit der Rheinbundsakte und den Bundesgesetzen verträglich waren[1]).

Im Großherzogtum Hessen erging unterm 1. August 1807 eine Verordnung, deren § 9 folgende Fassung hatte:

Ihre der Standesherrn bisherige und zukünftige Familienverträge und Fideikommisse und insbesondere ihre Successionsordnungen bedürfen zu ihrer Giltigkeit Unserer Einsicht und Bestätigung.

Zum Schlusse mag hier das Edikt für das Großherzogtum Würzburg vom 9. Juni 1807 erwähnt sein, welches in § 13 folgende Bestimmungen enthielt:

Die Familienstatuten der Adeligen, Successionsordnungen, Fideikommisse, welche von einem der vormaligen Reichsgerichte bestätigt worden sind, sollen auch in Zukunft aufrecht erhalten werden. Ausgenommen hievon sind alle Bestimmungen, welche sich auf die erloschene Verfassung des Reichs oder auf nicht mehr bestehende Institute beziehen, als welche zwecklos geworden sind, mithin ihre verbindliche Kraft verloren haben.

Aus diesen verschiedenen Gesetzen und Verordnungen kann man ersehen, daß zu Zeiten des Rheinbunds die Autonomie des hohen Adels im größten Teile Deutschlands entweder völlig vernichtet oder doch bedeutend eingeschränkt und die Rechtsstellung der Standesherrn auf privat- und öffentlich-rechtlichem Gebiete keine privilegierte, sondern die gewöhnlicher Unterthanen war.

II. Kapitel.

Die Bestimmungen des Artikel 14 der Bundesakte. Das Verhältnis zu den vorhergegangenen Aufhebungsgesetzen.

Am 1. November 1814 wurde der Wiener Kongreß eröffnet, zu dem nicht allein die Souveräne fast aller Staaten, sondern auch die Standesherrn zur besseren Wahrung ihrer Interessen Vertreter geschickt hatten. Vornehmlich der hohe Adel glaubte, daß durch die

[1]) Abhandlungen und Beobachtungen von Klüber B. I. S. 91.

Ereignisse der letzten Jahre seine Subjektion ein Ende erreicht habe und daß er durch den Kongreß in alle seine früheren Rechte restituiert werden würde. Trotzdem der Kaiser von Oesterreich auf eine ihm in einer Audienz überreichte Bittschrift, worin er ersucht wurde, die Kaiserkrone wieder anzunehmen, seinen Wunsch und Willen nach Recht und Gerechtigkeit, daß jedem das seine wieder werde, bekräftigte und den Deputierten versprach, daß er ihr gerechtes und billiges Verlangen so viel an ihm liege unterstützen würde[1]), trotzdem sich auch der Kaiser von Rußland ihrer Sache anzunehmen schien[2]), zeigte sich doch bald, daß von einer Restitution wegen des Widerstands fast aller deutschen Staaten keine Rede sein könne; doch war man allgemein auf dem Kongresse einig, daß die Mediatisierten für die Zukunft gegen solche Bedrückungen und Kränkungen, wie sie ihnen während der Rheinbundszeit in verschiedenen Staaten zu Teil geworden waren, geschützt werden müßten, und daß ihre Rechte sowohl in Ansehung ihrer Person als auch ihres Eigentums unter die Garantie des Bundes zu setzen seien. Ganz besonders Preußen, das in allen Entwürfen einer Verfassung energisch die Interessen der Standesherrn vertrat, und unter dessen Schutz einige derselben sich freiwillig gestellt hatten[3]), äußerte sich folgendermaßen:

Billig sollten die mediatisierten ehemaligen Reichsstände mit den übrigen gleich gestellt werden, da dieses aber ohne große Zerrüttungen nicht geschehen könne, so sei wenigstens alles mögliche zu thun und sie insbesondere gegen alle Bedrückung sicher zu stellen[4]).

Trotz des Widerstrebens einiger Bundesstaaten wurde die Aufnahme des die Rechtsverhältnisse der standesherrlichen Familien regelnden Art. XIV. in die Bundesakte durchgesetzt. Dagegen hatte sich hauptsächlich Württemberg erklärt, dessen Gesandter folgende Aeußerung zu Protokoll gab: er sei instruiert, sich auf nichts einzulassen, was die Rechte seines Souveräns im Innern beschränken könne und glaube er, daß das, was die Rechte der einzelnen gegen ihren Souverän betreffe nicht in die Bundesakte gehöre[5]). Gegen diese Auffassung verwahrte sich der hannöversche Gesandte und betonte die absolute Notwendigkeit der Festsetzung der Rechte der deutschen Unterthanen, und auch der österreichische Bevollmächtigte, Fürst von Metternich, erklärte in nicht mißzuverstehender Weise auf die württembergischen Zustände anspielend, daß eine solche Fortsetzung schlechterdings notwendig sei, da in der vorigen Verfassung den

---

[1]) Akten I. Heft 2 S. 37, 40.
[2]) Akten VII. S. 76.
[3]) Akten II. S. 237, 245, 248, 251.
[4]) Akten I. Heft 1 S. 47.
[5]) Akten II. S. 107.

Unterthanen gewisse Rechte zugesichert gewesen, in den letzten Zeiten aber in den einzelnen Staaten solche Bedrückungen eingetreten seien, wider welche dieselben in Zukunft geschützt werden müßten.

Das Resultat der Verhandlungen wäre vielleicht für die Standesherrn ein günstigeres geworden, da neben der Teilnahme Österreichs und Preußens an ihrem Schicksale, das Mitgefühl auf dem Kongresse ein allgemeines war, wenn nicht die unerwartet plötzliche Rückkehr Napoleons von Elba und die sich hieran anschließenden militärischen Aktionen schuld daran gewesen wären, daß die Bestimmungen der Bundesakte nicht den Grad von Klarheit und Vollständigkeit in sich tragen, den sie ohne diese Vorgänge erhalten hätten. In diesem Sinne geben auch die preußischen Gesandten folgende treffende Schlußerklärung ab: „Sie hätten zwar gewünscht der Bundesakte eine größere Ausdehnung, Fertigkeit und Bestimmtheit gegeben zu sehen, sie hätten aber, bewogen durch die Betrachtung, daß es besser sei vorläufig einen weniger vollständigen und vollkommenen Bund zu schließen als gar keinen, und weil es den Beratungen der Bundesversammlung in Frankfurt frei bleibe den Mängeln abzuhelfen, die Unterzeichnung nicht zurückhalten zu müssen geglaubt.[1] [2])

Zehn Entwürfe einer deutschen Bundesverfassung waren dem Kongresse vorgelegt worden, darunter fünf von Preußen vier von Österreich und der letzte von einer eigens dazu eingesetzten Generalredaktionskommission, welche eine neue oder revidierte Abfassung der deutschen Bundesakte in zwanzig Artikeln vorlegte, die auch von einigen unbedeutenden Abänderungen abgesehen unter dem 8. Juni von den Bevollmächtigten unterzeichnet wurde, und deren grundlegender die Rechtsverhältnisse der Standesherrn und ihrer Familien festsetzender Art. XIV, soweit er für die Bearbeitung von Wichtigkeit ist, folgendermaßen lautet:

Um den im Jahre 1806 und seitdem mittelbar gewordenen ehemaligen Reichsständen und Reichsangehörigen in Gemäßheit der gegenwärtigen Verhältnisse in allen Bundesstaaten einen gleichförmig bleibenden Rechtszustand zu verschaffen, so vereinigen die Bundesstaaten sich dahin:

a) Daß diese fürstlichen und gräflichen Häuser[3]) fortan nichts desto weniger zu dem hohen Adel in Deutschland gerechnet werden und ihnen das Recht der Ebenbürtigkeit in dem bisher damit verbundenen Begriff verbleibt.

---

[1]) Akten II. S. 556.

[2]) Ähnliche Erklärung der hannoverschen Gesandtschaft Akt. II S. 524.

[3]) Der Art. 14 spricht blos von fürstlichen und gräflichen Häusern, ohne des Freiherrn von Bömelberg, als Besitzers der vormals reichsständischen in Art. 43 der Wiener Kongreßakte als Standesherrschaft anerkannten Herrschaft Gehmen, Erwähnung zu thun.

b) Sind die Häupter dieser Häuser die ersten Standesherren in dem Staate zu dem sie gehören; sie und ihre Familien bilden die privilegierteste Klasse in demselben insbesondere in Ansehung der Besteuerung.

c) Es sollen ihnen überhaupt in Rücksicht ihrer Personen, Familien und Besitzungen alle diejenigen Rechte und Vorzüge zugesichert werden oder bleiben, welche aus ihrem Eigentum und dessen ungestörten Genuß herrühren und nicht zu der Staatsgewalt und den höheren Regierungsrechten gehören.

Unter vorerwähnten Rechten sind insbesondere und namentlich begriffen:

1. Die unbeschränkte Freiheit ihren Aufenthalt in jedem zu dem Bunde gehörenden oder mit demselben in Frieden lebenden Staat zu nehmen.

2. Werden nach den Grundsätzen der früheren deutschen Verfassung die noch bestehenden Familienverträge aufrecht erhalten und ihnen die Befugnis zugesichert, über ihre Güter und Familienverhältnisse verbindliche Verfügungen zu treffen, welche jedoch dem Souverän vorgelegt und bei den höchsten Landesstellen zur allgemeinen Kenntnis und Nachachtung gebracht werden müssen. Alle bisher dagegen erlassenen Verordnungen sollen für künftige Fälle nicht weiter anwendbar sein.

In der französischen amtlichen Übersetzung ist diese Stelle also wiedergegeben:

Parmi les droits que leur assure cet article, seront spécialement et nomément compris:

2) Le maintien des pactes de famille conformément à l'ancienne Constitution de l'Allemagne et la faculté de lier leurs biens et les membres de leurs familles par des dispositions obligatoires lesquelles toutefois doivent être portées à la connaissance du Souverain et des autorités publiques. Les lois par lesquelles cette faculté a été restreinte jusqu'ici ne seront plus applicables aux cas à venir.[1])

Bei der näheren Bestimmung der angeführten Befugnisse sowohl wie überhaupt und in allen Punkten wird zur weitern Begründung und Feststellung eines in allen Bundesstaaten übereinstimmenden Rechtszustandes der mittelbar gewordenen Fürsten, Grafen und Herren die in dem Betreff erlassene königlich baierische Verordnung vom Jahre 1807 als Basis und Norm unterlegt werden.[2]) [3]).

---

[1]) Akten VII. S. 478.
[2]) Akten II. S. 607, 608.
[3]) Akten II. S. 467, 522.

Der Ausdruck „Autonomie“ findet sich in der Bundesakte nicht, dieselbe umschreibt ihn vielmehr durch die Worte, es werden ihre Familienverträge aufrecht erhalten, und sie erhalten die Befugnis, über Familien und Güterverhältnisse verbindliche Verfügungen zu treffen. Der erste preußische Entwurf hatte die Bestimmung enthalten, daß die vormals mit der Reichsstandschaft versehen gewesenen Fürsten, Grafen und Herren, welche mediatisiert wurden, die alte deutsche Autonomie genießen sollten.[1])

Die Aufnahme dieser Fassung wurde jedenfalls wegen ihrer Unbestimmtheit und des schon zu Reichszeiten unter den Publicisten bestrittenen Begriffs nicht beliebt und es ist in allen folgenden Entwürfen blos die Rede von der Aufrechterhaltung der alten Familienverträge und von der Befugnis, neue Verfügungen über Güter und Familienverhältnisse zu erlassen.

Dadurch, daß noch zur Verhütung von Zweifeln und Mißverständnissen beigefügt wurde „nach den Grundsätzen der früheren deutschen Verfassung“ ist deutlich gezeigt, daß den standesherrlichen Familien dieselbe Autonomieberechtigung, welche ihnen zu Reichszeiten unbestrittenermaßen zugekommen war, auch für die Zukunft gewährleistet werden sollte.

Von diesem Gesichtspunkte aus ist auch der Vorschlag, daß das Haupt der Familie allein für die Nachkommenschaft verbindliche Verfügungen treffen dürfe, mit Recht in der Conferenz abgelehnt worden, weil er einem Hauptgrundsatz der früheren Verbesserung widersprochen hätte; ebenso folgerichtig hat aber auch die Bestimmung keine Aufnahme gefunden, daß das Haupt allein ohne die Agnaten keine Verfügungen treffen könne, denn es ist sehr wohl der Fall denkbar, daß der Chef des Hauses das seiner freien Disposition unterworfene Vermögen zur Stiftung eines Fideikommisses verwendet, daß er hierbei die verschiedenartigsten Bedingungen an den Erwerb dieses Gutes knüpfen kann, ist offensichtlich, weil er hierdurch Rechte dritter nicht beeinträchtigt.

Die näheren Bestimmungen des Art. XIV. der Bundesakte sind folgende:

Berechtigt, über Familien- und Güterverhältnisse verbindliche Verfügungen zu treffen sind die im Jahre 1806 und seitdem (d. h. die beiden durch Art. 52 der Wiener Schlußakte „wegen ihrer vorzüglichen Anhänglichkeit an Napoleon“ subjicierten fürstlichen Familien Isenburg und von der Leyen) mittelbar gewordenen ehemals reichsständischen fürstlichen und gräflichen Häuser; die Reichsritterschaft nach dem klaren Wortlaut der Bundesakte nur insoweit, als Landesgesetze nicht etwas anderes verfügen oder ihr eine Autonomie speziell zugestehen, wie dies z. B. in Preußen durch

[1]) Akten I. S. 46.

die kgl. Verordnung die autonomische Successionsbefugnis der rheinischen Ritterschaft und das darüber stattfindende schiedsrichterliche Verfahren betreff. vom 21. Januar 1837 geschehen ist.[1])

Der Ausdruck „mittelbar geworden“ ist nicht allein auf die Häuser zu beschränken, welche im Jahre 1806 und seitdem ihre Landeshoheit verloren haben, sondern er ist auch auf solche Häuser auszudehnen, welche trotz des Verlustes dieser Hoheit ausnahmsweise ihre Reichsstandschaft bewahrt hatten z. B. die Häuser Schönburg und Stolberg, denn auch diese müssen billigerweise die durch Art. 14 zugesicherten Rechte, soweit sie nicht Ausfluß des Eigentums sind, beanspruchen können.

Dem Hause Schönburg sind durch Bundesbeschluß vom 7. August 1828 dieselben persönlichen und Familienrechte zugesichert worden, welche den seit 1806 reichsständischen Familien eingeräumt wurden[2]), ebenso hat auch die preußische Regierung die Rechtsverhältnisse der Grafen Stolberg durch die Concessionsurkunde von 1836 und die Deklaration von 1864 behandelt und geregelt.

Auffallend könnte erscheinen, daß Art. XIV blos von der Aufrechterhaltung der alten Familienverträge spricht, nicht auch von einseitigen Dispositionen und der Familienobservanz. Doch wird man aus dem übrigen Inhalt des Artikels, welcher den Standesherrn die Befugnis zusichert über Familien und Güterverhältnisse verbindliche Verfügungen zu treffen, schließen dürfen, daß auch die älteren einseitigen Dispositionen und die nicht in schriftliche Form eingekleidete, aber nachweislich in der Familie geübte Observanz aufrecht erhalten bleiben.[3])

Die Bestimmung, daß die ä l t e r n Familienverträge nach den Grundsätzen der früheren deutschen Verfassung aufrecht erhalten bleiben sollen, findet sich erst in der Bundesakte; in den Entwürfen war den Standesherrn blos die Befugnis zugesichert, nach diesen Grundsätzen n e u e Verfügungen zu treffen. Die Paciscenten der Bundesakte wollten durch diese Aufnahme auch den ältern aus der Reichszeit herrührenden Verträgen, Statuten, Observanzen für die Zukunft den Charakter von wirklichem Recht wahren; zugleich

---

[1]) Vergl. hieher die kgl. bayr. Deklaration vom 31. Dezember 1806 betreff. die der kgl. Souveränität unterworfene Ritterschaft und ihre mittelbar gewordenen Hintersassen, § 5; die württemberg. Verord. v. 8. Dez. 1821, §§ 13—15; die bad. Verord. vom 22. April 1824, § 6; die hess. Dekl. vom 1. Dez. 1807. § 3.

[2]) cfr. Protokoll der Bundesversammlung Teil XVII. S. 105. Feststellung der Verhältnisse des Hauses Schönburg durch kgl. sächs. Verord. vom 23. November 1835.

[3]) Heffter Sonderrechte S. 43. Beseler über die Stellung des bürgerlichen Gesetzbuchs Deutschlands zu dem Familienrechte des hohen Adels S. 30. Zöpfl Staatsrecht II B. S. 124. Berchtold a. a. O. S. 191.

aber auch die Gerichte, falls z. B. über die verbindliche Kraft eines Vertrags, zu dem kaiserliche Confirmation nötig aber nicht eingeholt oder nicht erteilt war, anweisen, einem solchen Vertrage, als mit den Grundsätzen der früheren Verfassung nicht im Einklang stehend, jede rechtliche Wirksamkeit zu versagen.

Bezüglich der Vorlage der alten Verträge und der neu getroffenen Statuten ist folgendes zu bemerken. Eine Vorlage der älteren Verträge an den Landesherrn zur Kenntnisnahme und eine Publikation derselben durch die oberste Landesstelle ist und war nicht verlangt.

Dies ist aus dem Umstande zu folgern, daß die bayerische Deklaration vom 19. März 1807, nach welcher auch die eingeführten Successionsordnungen der Bestätigung des Souveräns unterliegen sollten, nicht gemeines Recht wurde, jedenfalls mit Absicht, denn die vertragschließenden Souveräne haben hierdurch deutlich ihren Willen ausgesprochen nicht von Staatswegen die reichsverfassungsmäßige Entstehung der älteren Verträge zu untersuchen, sondern einen eventuellen Streit der Cognition der Gerichte zu überlassen.

Ferner wäre die Vorlage sämmtlicher alten Hausgesetze mit den größten Schwierigkeiten verbunden gewesen, weil viele Urkunden teils in fremden Archiven untergebracht waren, teils wegen des hohen Alters, und der Wichtigkeit derselben eine Vorlage nur sehr schwer zu bewerkstelligen gewesen wäre. Auch traf bei diesen älteren Verträgen der Grund, den die Erläuterung zur bayr. Deklaration vom 19. März 1807 bezüglich der Vorlage der neuen Statute angiebt nicht zu, daß man die Aufnahme von Bezeichnungen und Titel, welche sich auf die ehemaligen nun aufgelösten Verhältnisse bezogen, vermeiden wollte.[1])

Sehr kontrovers ist die Frage, welche Bedeutung die Vorlage der getroffenen Verfügungen an den Souverän hat, ob diese blos zur Kenntnisnahme oder zur Bestätigung zu erfolgen habe. Für die erste und richtige Auffassung sprechen gewichtige Gründe. Einmal wollte man die Autonomie den hohen adeligen Familien nicht als Privileg verleihen, denn Art. XIV sagt nicht, sie erhalten die Befugnis, sondern es wird ihnen dieselbe zugesichert, d. h. so wie sie dieselbe bis dahin gehabt hatten, als ein Bestandteil ihrer ehemaligen Rechte und Vorzüge.

Da nun im alten deutschen Reich eine kaiserliche Bestätigung zur Gültigkeit der Hausgesetze und auch des Herkommens der

---

[1]) So auch das Reichsgericht. Entsch. in Civils. B. XXVI. S. 152 „die Auflage die neu erricheten Familienverträge bei den Souveränen der betreffenden Bundesstaaten zur Vorlage zu bringen, erstreckt sich nicht auf diejenigen Verträge der Standesherrn, welche bereits im Jahre 1815 in Giltigkeit bestanden.“

landesherrlichen Familien nicht erforderlich war,[1]) — es existierte kein Gesetz, welches eine solche geboten hätte, — wenn sie auch fast ausnahmslos eingeholt wurde, weil dieselbe den Vorteil bot, daß im Falle eines Streites sofort von den Gerichten darauf erkannt wurde, und weil durch die erteilte Confirmation festgestellt war, daß der Vertrag den Reichsgrundgesetzen gemäß errichtet und die Rechte dritter namentlich der Minderjährigen gewahrt waren, so darf man wohl annehmen, daß die Souveräne nach diesem reichsrechtlichen Grundsätzen auch für ihre Territorien die Autonomie den standesherrlichen Familien in eben diesem Umfange zusichern wollten.[2])

Es spricht auch ein inneres Moment gegen das Erfordernis der landesherrlichen Bestätigung, denn wie wäre ein gleichförmiger Rechtszustand in allen deutschen Bundesstaaten geschaffen worden, wenn einem Standesherrn, der vermöge der Lage seiner Herrschaft verschiedenen Souveränen subjiciert war, und der verschiedene in deren Gebiete gelegene Güter zu einem Fideikommis vereinigen wollte, von dem einer kraft des Bestätigungsrechts die Gründung eines solchen verweigert worden wäre, während der andere kraft des bloßen Kenntnisnahmeprincips gar nicht in der Lage gewesen wäre, eine solche zu geben.

Auch der offizielle französische Text, dem freilich Klüber weder vertragsmäßiges noch gesetzliches Ansehen zugestehen und

---

[1]) Schröder deutsche Reichsgeschichte S. 751, 752, 779. Wilda in Weiske Rechtslexikon I. S. 558. Gerber Privatrecht S. 53. Majer Joh. Christ. S. 268, 290. Klüber Abhandl. u. Beob. I. S. 86. Moser Familienstaatsrecht II. S. 1224 (Fideikommisse) 1237 (Stammausträge) 192 (Ehepakten) I. S. 765 (Erbverzichte) besonders S. 1048 ff. 1023 (Erbverbrüderungen) 323 (Primogeniturordnung).

[2]) Im gleichen Sinne hat sich das Reichsgericht ausgesprochen in B. XVIII. S. 202 „daß denselben (nämlich den Familienverträgen und Testamenten) zum Teil die Genehmigung oder Bestätigung des Kaisers nicht erteilt ist, steht ihrer Giltigkeit und Wirksamkeit als Hausgesetzen nicht entgegen. Als Bedingung oder Voraussetzung der Giltigkeit der getroffenen Anordnungen ist sie in den betreff. Urkunden nicht hingestellt, wenn auch den Beteiligten vorbehalten ist, die kaiserliche Bestätigung einzuholen. Als eine allgemeine Voraussetzung der Giltigkeit hausgesetzlicher Anordnungen kann aber nach dem deutschen Staatsrecht die kais. Genehmigung nicht angesehen werden, wenngleich sie sehr häufig behufs größerer Sicherung der getroffenen Anordnungen eingeholt zu werden pflegte. Ferner B. XXVI. S. 152 „es ist blos eine Vorlage zur Kenntnisnahme nicht zur Bestätigung gefordert." S. 158. „Zur Reichszeit war eine kaiserliche Confirmation der Familienverträge und statutarischen Anordnungen reichständischer Häuser nur in bestimmten Fällen vorgeschrieben, überdies wäre dieses kaiserliche Reservatrecht nach der Mediatisirung nicht ohne weiters auf die Souveräne der einzelnen Rheinbundstaaten übergegangen sein."

ihn zur authentischen Interpretation als ungeeignet erklären will[1]) spricht einfach ils doivent être portées à la connaissance du Souverain.

Aus den Verhandlungen des Kongresses ergeben sich ebenfalls hinreichende Anhaltspunkte dafür, daß die Vorlage blos zur Kenntnisnahme beabsichtigt war. Von Bayern war bei Beratung des Entwurfs der Bundesverfassung folgende Fassung vorgeschlagen worden. 2. Nach den Grundsätzen . . . Verfügungen zu treffen, welche doch vorerst dem Souverän, dem sie angehören, zur Einsicht und Bestätigung vorgelegt werden müssen[2]). In den früheren Entwürfen war diese Bedingung als Erfordernis nicht verlangt, nicht einmal erwähnt. Im 7. Konferenz-Protokoll legte die eingesetzte Kommission eine Neuredaktion vor mit dem Bemerken[3]), daß dieselbe auf den Fuß der bayrischen Verordnung von 1807 verfaßt sei, angeblich, weil die Mediatisierten wünschten, daß diese zur Grundlage bei Bestimmung ihrer Rechte genommen würde. Aus welchen Gründen der bayr. Antrag abgelehnt und die in der Verordnung verlangte Bestätigung keine Aufnahme gefunden hat, ist nicht klar, indem die Verhandlungen hierüber keinen Aufschluß geben, doch ist der Schluß nicht ungerechtfertigt, daß in der Konferenz eine blose Kenntnisnahme als genügend erachtet wurde.

Wie es kam, daß der bayrische Gesandte von seiner Regierung dahin Instruktion empfangen hatte, die Vorlage zur Bestätigung zu beantragen, ist nicht bekannt und muß auch befremden, da die Erläuterung zur kgl. Verordnung vom 19. März 1807, welch letztere in Ziff. 12 verfügte, daß die Familienverträge und eingeführten Successionsordnungen zur Bestätigung vorgelegt werden müssen, im Gegensatz hierzu ausspricht:

Wir haben in unserer Deklaration vom 19. März l. J. über die künftigen staatsrechtlichen Verhältnisse der Unserer Souveränität Unterworfenen verordnet, daß ihre Familienverträge und eingeführten Successionsordnungen zur Bestätigung Uns vorgelegt werden sollen. Dabei hatten Wir keineswegs die Absicht, die Vorträge und Familienfideikommisse, welche durch Beobachtung der zur Zeit ihrer Errichtung bestandenen gesetzlichen Vorschriften eine vollkommene Gültigkeit erhalten hatten, in Hinsicht auf die Privatrechte einer neuen Untersuchung und Bestätigung zu unterwerfen, sondern die vorgeschriebene Bestätigung hat nur die staatsrechtlichen Verhältnisse der subjicierten Familien zum Gegenstand, damit nämlich ihre Familieneinrichtungen nichts enthalten mögen, welches mit der Verfassung des Staats, dem sie als Unterthanen einverleibt sind, nicht vereinbarlich wäre und sich allenfalls auf ihre ehemaligen nun aufgelösten Verhältnisse bezieht.

[1]) Abhandl. und Beobacht. I. S. 69.
[2]) Akten II. 361, 385.
[3]) Akten II. 467.

Die Erläuterung spricht nicht ausdrücklich von neuen Verträgen, allein auf diese bezieht sie sich hauptsächlich, denn blos in Bezug auf diese kann eigentlich der Schlußsatz richtig verstanden werden; die Absicht der bayrischen Regierung konnte unmöglich dahin gehen, die Standesherrn zu veranlassen, in alten Hausgesetzen Titel, die ihnen ehemals im deutschen Reich zustanden, und welche ihnen abgesprochen waren, zu entfernen, sondern dieselbe wollte lediglich verhüten, daß in neuen Verträgen solche auf die ehemaligen Verhältnisse bezügliche Prädikate und Bezeichnungen aufgenommen würden.

Aus dieser Erläuterung in Verbindung mit dem bayr. Antrag dürfte wohl der Schluß nicht abzuweisen sein, daß die Vorlage nur zum Zweck der Kenntnisnahme erfolgen sollte, zumal der Gesandte im weiteren Laufe der Verhandlungen mit der blosen Vorlage sich zufrieden gab, ohne das Erfordernis der Bestätigung noch fernerhin zu betonen.

Selbst wenn man annehmen würde, daß in der Bundesakte eine landesherrliche Bestätigung verlangt sei, so muß doch bemerkt werden, daß Verträge durch eine solche keinen höheren Wert oder gar eine Sanktion erhalten, sondern die Verfügungen sind auch ohne diese für alle Familienglieder verbindlich; die Vorlage ist keine Bedingung für die Rechtswirksamkeit, wohl aber dient sie zur größeren Sicherheit, weil durch eine unterlassene Vorlage und Publikation leicht durch dritte außerhalb des Kreises der standesherrlichen Familie stehende Personen das Vermögen derselben geschädigt werden könnte und in einem solchen Falle müßten die Gerichte, wenn z. B. jemand bona fide mangels einer Vorlage zu einem Fideikommis gehörige Güter erworben hätte, zu Gunsten dieses erkennen.

Die Stellung des Souveräns den autonomischen Satzungen des hohen Adels gegenüber dürfte vielleicht nicht unpassend mit dem durch Art. 17 der Reichsverfassung dem deutschen Kaiser eingeräumten Ehrenrechte der Ausfertigung und Verkündigung der Reichsgesetze verglichen werden. Gerade so wenig wie diese Verkündigung ein Ausdruck der Gesetzgebungshoheit des Kaisers ist, und der Kaiser kein Recht der Genehmigung der Gesetze erlangt, gerade so wenig kann ein Bundesfürst, selbst wenn er sich ein Bestätigungsrecht vindizieren sollte, einem autonomen Akt höhere rechtliche Geltung verleihen.

Die Bestimmung der Bundesakte, wonach die dem Souverän vorgelegten Verfügungen bei den höchsten Landesstellen zur allgemeinen Kenntnis und Nachachtung gebracht werden sollen, giebt zu verschiedenen Zweifeln Anlaß. Es ist nämlich hieraus nicht zu ersehen, von welchem Zeitpunkt an die getroffenen Verfügungen dritten Personen gegenüber rechtliche Geltungen erlangen, ob schon mit der Vorlage oder erst mit der Publikation[1]); ferner ist die Verbindung bei den höchsten Landesstellen zur Kenntnis und Nachachtung keineswegs glücklich gewählt.

Das Wort Nachachtung bezieht sich jedenfalls in erster Linie auf die erkennenden Gerichte. Diese haben sich in Urteilen nach den getroffenen Verfügungen zu richten, während dem Publikum gegenüber blose Kenntnis genügt. Es ist ferner nicht gesagt, wer die Bekanntmachung zu bewirken hat, ob die höchsten Landesstellen es officio oder erst nach Ersuchen der betreffenden Familie. In der Regel wird auf Ersuchen der Vertrag, nachdem er zur Kenntnisnahme gedient hat, in die Gesetz- und Verordnungsblätter inseriert und so zur Kenntnis gebracht.

Ob dritte Personen schon durch Vorlage oder erst durch Publikation an die Verfügungen gebunden sind, ist durch Urteil des Oberhofgerichts Mannheim in letzterem Sinne entschieden. Dieses hat die Revokationsklage des derzeitigen Inhabers eines Fideikommisses auf Herausgabe der trotz Familienvertrags von seinem Vorgänger veräußerten Fideikommisgüter abgewiesen, weil der Kläger nicht nachzuweisen im Stande war, daß dieser Vertrag durch Publikation zur Kenntnis gebracht worden war. In den Entscheidungsgründen ist ausgeführt, daß, wenn man die Hausgesetze des hohen Adels als Verträge auffaßt, nach allgemeinen Grundsätzen solchen ohne öffentliche Bekanntmachung rechtliche Bedeutung gegen dritte nicht zugestanden werden könne, da sie nur für jene individuelle Familie, für welche sie gemacht sind, ein vertragsmäßiges Recht begründen und unmöglich dritte auf irgend eine Weise verpflichten können, wenn man sie aber als Gesetze betrachte vermöge der Autonomie, so könnten sie nur von ihrer Bekanntmachung an Verbindlichkeiten gegen dritte erzeugen, indem Gesetze nur durch Verkündigung wirksam und verbindend werden[2]).

Daß die Veröffentlichung von dem Landesherrn so lange verweigert werden kann, als gewisse der Staatsverfassung zuwiderlaufende Bestimmungen nicht beseitigt werden, ist allgemein anerkannt. Keinesfalls darf jedoch dem Souverän die weitergehende Befugnis zugeschrieben werden, aus eigener Initiative gewisse Stellen zu beseitigen und die Verfügungen in dieser abgeänderten Gestalt zu publizieren.

---

[1]) Seydel Bayr. Staatsrecht B. I. S. 619 „die standesherrlichen Hausgesetze erlangen erst durch Verkündigung Gesetzeskraft“.

[2]) Seuffert's Archiv I. S. 83. Dieses Urteil dürfte schon aus dem Grunde nicht als zutreffend erachtet werden, weil in Baden eine Publikation gar nicht verlangt ist. Vergl. unten S. 31, 32. cfr. auch Moser Familienstaatsrecht II. S. 1068, 1096, Heffter in der zweiten Beigabe zu den Sonderrechten S. 451. Bemerkt zu werden verdient die Thatsache, daß zu Reichszeiten eine Publikation der Familienverträge und der erteilten kaiserlichen Confirmation nicht als nötig erachtet wurde.

Der Meinung, daß, wenn in einem Hausgesetze Bestimmungen getroffen sind, welche dem aus der Reichszeit überlieferten Ebenbürtigkeitsprinzip entgegenstehen, der Souverän die Bekanntmachung verweigern dürfe[1]), kann nicht beigepflichtet werden, denn die Bundesakte hat in Bezug auf die Befugnis der hohen adeligen Häuser, neue Verfügungen zu erlassen, das Autonomierecht bedeutend erweitert, da sie mit keinem Worte erwähnt, wie es in Zukunft mit der gerade für den Fall zu Reichszeiten erforderlichen kaiserlichen Bestätigung gehalten werden sollte; da nun aber, wie oben gezeigt eine Bestätigung durch den Landesherrn zur Giltigkeit von Hausgesetzen nicht erforderlich ist, so kann auch dem Souverän ein solches Recht nicht zugeschrieben werden; übrigens könnte ja auch in der Familie selbst durch fortwährend geübte Observanz ein abweichendes Ebenbürtigkeitsprinzip geschaffen werden, ohne daß dem Landesherrn hiegegen ein Einspruch zustünde.

Falls ein hochadeliges Haus mehreren Landesherrn subjiciert ist, ergiebt sich die Notwendigkeit einer mehrfachen Vorlage und Publikation.

Es ist hier der Frage zu gedenken, ob die Standesherrn auch in den auswärtigen Staaten, die bei der Abfassung der Bundesakte beteiligt waren, die Geltung der durch Art. 14 zugesicherten Autonomie beanspruchen können. Es kommt hier vorzüglich Oesterreich in Betracht, in dem zahlreiche Mitglieder standesherrlicher Häuser Wohnsitz genommen haben. Es ist zwar schon behauptet worden, daß auch diesen Staaten gegenüber die Standesherrn vertragsmäßige Rechte erworben haben, aber diese Ansicht ist, da sie auf der irrigen Annahme beruht, als hätten die Standesherrn als vertragschließende Teile Rechte erworben, unhaltbar. Es wird vielmehr nach den Grundsätzen des sog. internationalen Privatrechtes die Frage dahin zu beantworten sein, daß die Privilegien und Rechte, welche die Verfassung eines Staates an die Mitgliedschaft zu einem gewissen Stande knüpft, in einem andern Staate nicht zur Geltung gebracht werden können, daß aber auch die einem inländischen Stande gewährten Privilegien und Rechte nicht von den ausländischen Standesgenossen in Anspruch genommen werden können[2]).

---

[1]) Heffter a. a. O. S. 127.

[2]) Vergl. hierzu das Urteil des Reichsgerichts Entsch. B. II. S. 150. „Der preußische Staat erkennt dem Standesherrn, gleichviel, wo er seinen Wohnsitz hat in und mit der Standesherrlichkeit das gemeine deutsche und speziell standesherrliche Privatfürstenrecht, als ein personales zu. Denn letzteres ist eine wesentliche Seite der Standesherrlichkeit und weder die Bundesakte Art. 14 noch die kgl. preußischen Gesetze machen sie vom Wohnsitz abhängig“.

Darüber, ob die Ausübung der Autonomie allen deutschen Bundesstaaten oder nur dem Staate gegenüber, welchem der Standesherr angehört, erfolgen könne, ist lebhaft gestritten worden. Doch wird gewiß der Meinung beizupflichten sein, daß zur Erhaltung eines gleichförmigen Rechtszustandes, in allen deutschen Bundesstaaten die hohen adeligen Familien Anspruch auf freie Bethätigung ihrer Autonomie haben, zumal dieselben außer ihren reichsständischen Besitzungen noch manche andere Güter besitzen, die in den verschiedensten Staaten liegen können. Die vertragschließenden Souveräne wollten das Autonomierecht nicht auf die Staaten beschränken, denen der Standesherr vermöge der Lage seiner ehemals reichsständischen Besitzung subjiciert war, sie konnten sich nicht der Ueberzeugung verschließen, daß zur Erhaltung und Vermehrung des Familienglanzes diese hochadeligen Häuser genötigt waren, neue Güter von der verschiedenartigsten Qualität und Quantität zu erwerben; daß auch über diese, selbst wenn sie in anderen Staaten gelegen waren, Dispositionen getroffen werden durften, erscheint einleuchtend, wie wäre ein gleichförmiger Zustand erzielt oder auch nur angestrebt worden, wenn eine Regierung unter dem Vorgeben, daß die standesherrliche Besitzungen nicht in ihrem Territorium gelegen, die Einbeziehung dieser neuen Güter in ein Familienfideikommis beliebig hätte verweigern können.

In Zusammenhang mit dieser Frage steht die ebenfalls sehr bestrittene, welche Folgen die Veräußerung einer reichsständigen Besitzung nach sich zieht. Folgerichtig müssen auch hier die Verteidiger der Meinung, daß die Autonomie ein nicht in allen Bundesstaaten gleichmäßig zu beanspruchendes Recht sei, zur Ansicht kommen, daß eine Veräußerung ipso jure das Autonomierecht vernichte[2]). Doch auch hier erscheint die Meinung, daß selbst durch eine solche die Autonomie gleichwohl unberührt bleibt, die richtigere zu sein, denn die Absicht der Bundesakte, welche keinen Unterschied zwischen Standesherrn und sog. standesherrlichen Personalisten macht, und welche dem hohen Adel in ganz Deutschland einen gleichförmigen Rechtszustand sichern wollte, würde nur sehr unvollkommen erreicht worden sein, wenn an die Veräußerung ein derartiger Nachteil geknüpft würde. Die Autonomie ist im eminenten Maße ein Ausfluß des Rechts des hohen Adels, und es hätte, nachdem den subjicierten Familien schon durch den Vorbehalt der Ebenbürtigkeit dieselbe ihnen zuerkannt war, einer besonderen Festsetzung nicht bedurft[3]). Die Souveräne mußten aber gerade

---

[1]) Zöpfl Angriffe S. 73 ff. Zachariä Denkschrift über den territorialen Umfang der standesherrl. Vorrechte S. 19.

[2]) Ueber diese Controverse vgl. Pözl. bayr. Verfassungsrecht S. 207. Seydel B. I. S. 614.

[3]) Berchtold a. a. O. S. 178.

im Hinblick auf die vorausgegangenen Aufhebungsgesetze bedacht sein, für die Zukunft dieses wichtige Recht zu gewährleisten, da die auf der Ebenbürtigkeit beruhende Standesgenossenschaft mit den regierenden Häusern durch entsprechende Normierung des Gutsbesitzes bedingt ist. Es würde daher ein Standesherr nach Veräußerung nicht einmal mehr ein Statut über die Erfordernisse der Ebenburt seiner Familie, über die Aussteuer der Töchter treffen können, außer unter Beobachtung der Bestimmungen der Bundesakte.

Die letzte Bestimmung des Art. 14 bezieht sich auf die in den einzelnen deutschen Staaten gegen den Fortbestand der standesherrlichen Fideikommisse gerichteten Gesetze und Verordnungen. Alle dagegen erlassenen Verordnungen sollen für die Zukunft nicht weiter anwendbar sein, (les lois par les quelles cette faculté a été restreinte jusquici ne seront plus applicables aux cas à venir). Ueber diese höchst ungenaue Fassung hat sich lebhafte Kontroverse erhoben, ob sich diese Worte nur auf die unmittelbar vorher erwähnte Befugnis zur Errichtung neuer Statuten beziehen, so daß der Sinn dieser Klausel wäre: Diejenigen Verordnungen, durch welche die Autonomie des hohen Adels aufgehoben wurde, sind für die Zukunft im Hinblick auf die Bestimmungen des Art. 14 nicht mehr anwendbar; hat aber ein Staat die Familienverträge der Standesherrn aufgehoben, so soll es hierbei sein Bewenden haben, selbst wenn es vielleicht ungeachtet der Aufhebungsgesetze der Familie gelungen wäre, die alten Verträge in die Neuzeit herüber zu retten, und selbst wenn aufgehobene Fideikommisse thatsächlich noch bestehen sollten; solche faktisch noch bestehende Verträge könnten nur auf dem Wege neuer Verfügungen aufrecht erhalten werden, und wenn ein an der Auflösung eines solchen trotz des Verbotes noch bestehenden Fideikommisses Interessierter die Verteilung desselben verlangte, die Gerichte ihm bei der Verfolgung seiner Ansprüche helfen müßten.

Diese einschränkende Interpretation ist von Klüber und Pernice mit gewichtigen Gründen verteidigt worden [1] [2]. Letzterer argumentiert folgendermaßen, es sollen die noch bestehenden Verträge aufrecht erhalten werden, ferner solle den Standesherrn die Befugnis zugesichert sein, nach den Grundsätzen der früheren deutschen Verfassung in Zukunft verbindliche Verfügungen über Familien und Güterverhältnisse zu treffen, und endlich sollen alle dagegen ergangenen Verordnungen für die Zukunft nicht weiter anwendbar sein.

---

[1] Abhandl. und Beob. I. S. 121 ff. Pernice a. a. O.

[2] Dieser Ansicht ist beigetreten das preußische Ministerium der auswärtigen Angelegenheiten Klüber Abhandl. und Beob. I S. 148. ff.

Er behauptet nun, die Aufhebung der zu Rheinbundszeiten erlassenen Verordnungen gegen die Autonomie beziehe sich blos auf die Zukunft, weil der Ausdruck noch bestehende Familienverträge und aufrecht erhalten gebraucht, und weil nicht ausgesprochen sei, daß die aufgehobenen wieder hergestellt werden sollen, weil ferner durch bedingungslose Wiederherstellung Rechte dritter Personen hätten verletzt werden können, und man hauptsächlich die Rechtsverhältnisse für die Zukunft habe regeln wollen. Aus diesen Gründen wollte die Bundesakte die in den einzelnen Bundesstaaten aufgehobenen Familienverträge nicht wieder herstellen [1]). Als weiteren Beweis für seine Ansicht führt er die vom Curhessischen Gesandten beantragte Aufnahme der noch nicht verteilten Erbschaften, wovon weiter unten die Rede sein wird, an.

Klüber versucht seine Ansicht durch die Verhandlungen des Kongresses zu begründen.

Der neunte Entwurf, welcher am 23. Mai 1815 von österreichischer Seite mit Preußens Einverständnis vorgelegt und der nachher in den Conferenzen zur Grundlage der Verhandlungen genommen wurde, lautet folgendermaßen: 2. sollen sie nach den Grundsätzen der früheren deutschen Verfassung über ihre Güter und Familienverhältnisse verbindliche Verfügungen zu treffen befugt sein; die vor Errichtung des Rheinbundes bestandenen Familienverträge werden aufrecht erhalten und es kann ohne Einwilligung sämtlicher Agnaten kein neuer errichtet werden. Alle dagegen seit Errichtung des Rheinbunds erlassenen Verordnungen werden außer Wirkung gesetzt [2]).

Dieser Entwurf scheint wie auch schon der dritte österreichische vom Dezember 1814 [3]) die Absicht gehabt zu haben alle zur Zeit des Rheinbundes aufgehobenen Familienverträge wieder herzustellen, doch konnte man sich in den Conferenzen nicht verhehlen, daß durch unbedingte Wiederherstellung aller früheren durch Gesetze und Ver-

---

[1]) Pernice S. 6 Pacta enim gentilicia legibus jam sublata et ex stincta illo vocari nomine nequeunt, quod est „noch bestehende Familienverträge". Deinde vero satis constare puto, ubi de revocanda pactorum abrogatione et mutatione cogitaverint Germaniae moderatores de restituendis potius familiarum pactis („Wiederherstellung") quam de iisdem conservandis („Aufrechterhaltung") dicendum fuisse. Cui accedit quod tertiarum partium iura pactis gertiliciis abrogatis rite iam acquisita necessario forent perturbata: neque tamen id ipsum voluisse Germaniae penes quos imperium est principes vel ex eo intellegitur quod de futuro tantum tempore in articulo nostro plane atque perspicue statuerunt: id quod in octava legatorum Germaniae concione Viennae die tertio Junii mensis A. 1815 habita Electoris Hassiaci legato clausulam quandam adjicere articuli nostri verbis cupienti satis declaratum est testantibus. Actis II. 500. 508.

[2]) Akten II. 319, 360.

[3]) Akten II. 4.

ordnungen aufgehobenen Familienverträge in der Zwischenzeit wohlerworbene Rechte dritter Personen verletzt worden wären und von dieser Erwägung ausgehend sei jedenfalls die Aufhebung der dagegen erlassenen Verordnungen nur ex nunc nicht ex tunc geplant gewesen[1]).

Durch die von der ernannten Spezialredaktionskommission entworfene neue oder revidierte Abfassung, die mit wenig wesentlichen Änderungen in die Bundesakte übernommen wurde, wurde sowohl die Ordnung der Sätze als auch der Inhalt vermehrt. Es werden nach den Grundsätzen der früheren deutschen Verfassung

1. die noch bestehenden Familienverträge aufrecht erhalten,
2. den hochadeligen Häusern
   a) die Befugnis zugesichert
   b) alle bisher dagegen erlassenen Verordnungen sollen für künftige Fälle nicht weiter anwendbar sein.

Zuerst ist die Stellung „nach den Grundsätzen der früheren deutschen Verfassung" eine ganz andere, wie in dem österreichischen Entwurf. Dieser sicherte den standesherrlichen Familien die Befugnis zu, nach den Grundsätzen der früheren Verfassung über ihre Güter und Familienverhältnisse verbindliche Verfügungen zu treffen, die Bundesakte sichert ihnen nicht allein diese Befugnis zu, sondern will auch die noch bestehenden Verträge nach diesen Grundsätzen aufrecht erhalten.

Da ferner die Bundesakte die in dem österreichischen Entwurf aufgenommene Aufrechthaltung der vor Errichtung des Rheinbunds bestandenen Familienverträge nicht anordnet und nur Aufrechthaltung der noch bestehenden Verträge fordert, so sei jeder Ausleger verpflichtet, diese Bestimmung nur auf die noch (am 8. Juni 1815 dem Datum der Bundesakte,) bestehenden Familienverträge zu beziehen. Sie ist also nicht anwendbar auf Verträge oder auf einzelne Bestimmungen derselben, die in dem Zeitpunkt, wo die deutsche Bundesakte errichtet ward, nicht mehr bestanden, das heißt, die vor dem 8. Juni 1815 rechtsgültig schon aufgehoben waren, sei es durch Willenserklärung der dabei beteiligten Familienglieder oder durch Verordnungen (Staatsgesetze) oder in Folge derselben[2]).

Einen weiteren Anhaltpunkt für seine Meinung findet Klüber im Text der Bundesakte.

Noch bestehende Familienverträge seien blos solche, gegen welche noch keine Verordnungen ergangen seien, wären aber solche

---

[1]) Unbedingte Wiederherstellung der durch das französ. Dekret vom 28. Mai 1809 verfügten Allodifikation und infolge dessen aufgehobenen Lehen, ohne die iura quaesita dritter zu berücksichtigen, ist erfolgt durch die hannöversche Verordnung vom 23. August 1814, ebenso durch das oldenburg. Edikt vom 10. März 1814.

cfr. Klüber. Abhandl. und Beob. S. 146 ff.

[2]) Abhandl. und Beob. I. S. 125.

dagegen erlassen worden, so wären sie nicht mehr noch bestehende, sondern früher bestandene und noch bestehende könnten nicht der Gegenstand sein, auf welchen dagegen erlassene Verordnungen nicht weiter anwendbar sein sollten.

Eine andere Meinung bezieht den Schlußsatz „alle dagegen" auch auf die Aufrechterhaltung der älteren Familienverträge, so daß die entgegenstehenden Verordnungen in der Weise außer Wirkung gesetzt werden, daß sie für künftig nicht mehr der Rechtsbeständigkeit der älteren Verträge entgegengesetzt werden können, sie sind aber nicht in der Art aufgehoben, als wenn sie niemals erlassen worden wären.[1])

Für diese Ansicht spricht der Sinn des Art. 14. Man wollte nicht allein die Rechtsverhältnisse der Standesherrn für die Zukunft regeln, sondern zur Milderung des an ihnen verübten Unrechts ihnen von ihrem früheren Rechtszustand alles garantieren, was mit den neuen Verhältnissen vereinbar war. Von dieser Erwägung ausgehend, sind auch die früheren Verträge aufrecht erhalten worden. Rückwirkende Kraft sollten dagegen diese Bestimmungen nicht haben und deshalb konnten auch wohlerworbene Rechte dritter Personen nicht geschmälert oder gar aufgehoben werden.

Auch aus den Verhandlungen läßt sich nachweisen, daß man die älteren Verträge aufrecht erhalten wollte. Die zwei ausführlichen preußischen Entwürfe vom Februar 1815 lauten gleichmäßig: „Sie sollen des Vorzugs nach den Grundsätzen der früheren deutschen Verfassung über ihre Güter- und Familienverhältnisse verbindliche Verfügungen zu treffen, teilhaftig sein. Alle Gesetze und Verordnungen, wodurch die auf Verträgen und anderen rechtlichen Titeln beruhenden Primogenitur und Familieneinrichtungen aufgehoben, die Stammgutseigenschaft der Familienbesitzungen vernichtet und das alte Familiengut der Disposition des gemeinen Rechts unterworfen ist, sind außer Wirksamkeit gesetzt." [2])

Ebenso bestimmte der österreichische Entwurf: „Die vor Errichtung des Rheinbundes bestandenen Familienverträge werden aufrecht erhalten, und es kann ohne Einwilligung sämmtlicher Agnaten kein neuer errichtet werden. Alle dagegen seit Errichtung des Rheinbundes erlassenen Verordnungen werden außer Wirksamkeit gesetzt."[3])

Durch die Einschiebung des bayrischen Antrags über die Notwendigkeit der Vorlage an den Souverän wurden die Sätze getrennt, ohne daß aber die Absicht der Aufrechterhaltung der

---

[1]) Zachariae Staats- und Bundesrecht I. S. 291. Berchtold a. a. O. S. 178, 179. Zöpfl Angriffe S. 79. Gengler a. a. O. Heffter in den Beiträgen zum deutsch. Staats- und Fürstenrecht S. 93 ff.

[2]) Akten II. S. 36, 60.

[3]) Akten II. S. 319, 360.

früheren Verträge irgendwie beseitigt werden sollte; auch spricht die offizielle französische Übersetzung ganz allgemein von le maintien des pactes des familles conformément à l'ancienne Constitution de l'Allemagne.

Die Worte „noch bestehend" und „aufrecht erhalten" auf die Klüber und Pernice sich berufen, stehen nicht entgegen, denn schon der soeben zitierte österreichische Entwurf bestimmt, daß die vor Errichtung des Rheinbundes bestandenen Familienverträge aufrecht erhalten werden. Weil nun an Stelle der Worte vor Errichtung des Rheinbundes [1]) die Worte nach den Grundsätzen der früheren deutschen Verfassung gesetzt wurden, mußten auch die bestandenen in bestehende umgeändert werden, wodurch angedeutet werden wollte, daß alle nach diesen Grundsätzen errichteten Verträge auch für die Zukunft erhalten bleiben sollten.

Wenn daher ältere Familienverträge und Statuten in der Zwischenzeit durch Willensübereinstimmung der betreffenden Familie oder einseitige Willenserklärung des nach den Aufhebungsgesetzen berechtigten Hauptes aufgehoben wurden oder in einem Prozesse durch rechtskräftiges Urteil bestimmt wurde, daß die Fideikommißgutseigenschaft aufgehoben sein solle, so ist durch die Klausel „für künftige Fälle" deutlich gezeigt, daß in diesen Fällen wohl erworbene Rechte dritter durchaus nicht geschmälert werden konnten, ebenso wenig tritt die Wirksamkeit der durch Willensübereinstimmung der Familie aufgehobenen Verträge von selbst wieder ein, und können für die Zukunft solche Verträge nur durch neu getroffene Verfügungen wieder rechtliche Geltung erlangen. [2])

---

[1]) „Offenbar mit Vorbedacht ward in der Bundesakte eine namentliche Bezeichnung des rheinischen Bundes allseitig vermieden. Acht mal war in 5 Entwürfen der Akte der Rheinbund genannt, aber in der Akte und der Wiener Congreßakte umgangen worden, als ob man sich seiner schäme wie der Sache." Abhandl. und Beob. I S. 5.

[2]) Das Reichsgericht spricht sich in einer Entscheidung B. XXVI. S. 145 folgendermaßen aus: „Zweifellos hat die deutsche Bundesakte nicht solche Hausgesetze wieder ins Leben gerufen und rufen wollen, welche schon nach den Grundsätzen der früheren deutschen Verfassung nicht mehr bestanden, als die ehemaligen Reichsstände das Schicksal der Mediatisierung durch die rheinische Bundesakte traf, wie sie dann auch diejenigen Familienfideikommisse nicht in den vorigen Stand setzte, welche in den durch den Luneviller Frieden an Frankreich abgetretenen, in den Jahren 1814 und 1815 von Deutschland zurückeroberten linksrheinischen Gebietsteilen infolge der französischen Gesetzgebung untergegangen waren."

Ferner S. 155. „Die in der Bundesakte rücksichtlich der Privatautonomie der Standesherrn getroffenen Bestimmungen hatten nur den Zweck, die während der Zeit des Rheinbundes gegen jenes Sonderrecht erlassenen Gesetze und Verordnungen außer Kraft zu setzen, nicht aber die durch Verträge der Beteiligten aufgelösten oder teilweise außer Wirksamkeit getretenen Familienfideikommisse der Mediatisierten wieder herzustellen."

Wenn dagegen eine Familie, wie es auch thatsächlich der Fall war, ungeachtet der landesherrlichen Verordnungen ihre alten Verträge bis zur Abfassung der Bundesakte erhalten hat, so haben die an dem Fortbestand derselben beteiligten Familienglieder ein Recht, auch für die Zukunft deren Aufrechterhaltung zu verlangen, da Art. 14 bestimmt, daß die noch bestehenden Verträge aufrecht erhalten werden sollen, wobei kein Unterschied zwischen den nicht aufgehobenen und den trotz des Verbots noch faktisch bestehenden gemacht ist. [1])

Von dieser Erwägung ausgehend wurde auch der Antrag Curhessens, einen Zusatz in die Bundesakte aufzunehmen, daß, wenn den landesherrlichen Verordnungen gemäß Erbschaften ohne Widerspruch der Interessenten oder dergleichen und andere Streitigkeiten rechtskräftig entschieden seien, es dabei sein Verbleiben haben solle, und die vorstehenden Bestimmungen der Bundesakte hierauf keine rückwirkende Kraft haben sollten, auf dem Kongreß mit dem Hinweis darauf abgelehnt, daß dieses schon in der beschränkenden Schlußklausel enthalten sei, nach welcher alle darin erwähnten Verordnungen nur für künftige Fälle nicht weiter anwendbar sein sollten [2])

Dieser Meinung scheint auch die bayrische Regierung in dem Edikt über die Familienfideikommisse vom 26. Mai 1818, welches freilich auf die Standesherrn nicht anwendbar ist, gewesen zu sein, als sie in § 32 desselben verordnete: „Wenn in einem Gebietsteile, worin die vormals gültigen Familienfideikommisse durch die inzwischen eingetretenen Gesetze oder Verordnungen aufgehoben wurden bei einer adeligen Familie ein Familienfideikommis oder ein diesem gleich geachtetes Stammgut bestanden hat, und davon seit jener Abänderung der Gesetze nach den eingetretenen Veränderungen neue Rechtsverhältnisse zwischen den Familiengliedern oder mit Gläubigern oder mit andern dritten durch Erbteilungen Vergleiche richterliche rechtskräftige Urteile oder andere rechtsgültige Handlungen festgesetzt worden, so sollen diese ihre Rechtsgültigkeit unwiderruflich behalten."

§ 33. Soweit diese Rechte nicht verletzt werden und das vormalige Fideikommisvermögen oder die Stammgüter bei der Familie noch in der Substanz erhalten werden, können die gegenwärtigen Besitzer solcher Güter aus denselben nach ihrem Gutdünken neue Familienfideikommisse bilden. [3])

Die Streitfrage, ob sich die Bestimmung, daß alle dagegen erlassenen Verordnungen nicht weiter anwendbar sein sollen, nur auf die Befugnis, neue Statuten zu erlassen oder auch auf die Auf-

---

[1]) Zöpfl Staatsrecht II. S. 134.
[2]) Akten II. 500, 508.
[3]) Vergl. hierher auch württ. Verord. vom 8. Dez. 1821 § 13, 14.

rechterhaltung der ältern noch bestehenden Familienverträge bezieht, dürfte lediglich ein historisches Interesse haben, da Prozesse über die ältern, 1815 faktisch noch bestehenden Verträge heutzutage jedenfalls erledigt sind.

III. Kapitel.

Aufnahme des Art. 14 in die partikulären Verfassungsgesetze der deutschen Bundesstaaten.

Der Eingang des Art. 14, welcher den mittelbar gewordenen Fürsten, Grafen und Herren in allen Bundesstaaten einen gleichförmigen Rechtszustand sichern wollte, ist in den deutschen Staaten in der verschiedenartigsten Weise zur Ausführung gebracht worden.

Nicht allein die Gesetzgebungen der einzelnen Staaten sind sehr von einander verschieden, sondern auch die Rechtsverhältnisse der Standesherrn sind in Folge von Vereinbarungen selbst im nämlichen Staate wesentlich von einander abweichend geregelt.

Ehe das jetzt geltende Recht einer näheren Untersuchung unterzogen wird, dürfte es nicht uninteressant sein, kurz die nach Unterzeichnung der Bundesakte stattgefundenen Verhandlungen zu berühren.

Im Großherzogtum Baden war unterm 23. April 1818 ein Edikt ergangen, welches in Art. 11 bezüglich der Autonomie folgende Bestimmung enthielt: „Wir erkennen das Recht ihrer Autonomie in Ansehung ihrer Familienverträge, Hausgesetze und Successionsordnungen an, nur müssen Uns solche, ehe sie verbindende Kraft erhalten zur Einsicht und Bestätigung vorgelegt werden, die Wir jedoch nie ohne Angabe bestimmter Gründe verweigern und ebensowenig aufhalten oder sonst erschweren werden.“

Da gegen dieses Edikt von fast allen Standesherrn des Landes Beschwerden zur Bundesversammlung erhoben wurden, sah sich die Regierung genötigt, dasselbe zurückzuziehen.

Der Großherzog publizierte hierauf am 16. April 1819 ein neues Edikt, die standes- und grundherrlichen Rechte im Großherzogtum Baden betreffend, durch welches das erste z. T. bestätigt, z. T. erläutert und näher bestimmt wurde. Dieses enthält folgende Bestimmung:

„Ihre noch bestehenden Familienverträge werden nach den Grundsätzen der früheren deutschen Verfassung aufrecht erhalten, und ihnen die Befugnis zugesichert, über ihre Güter und Familienverhältnisse verbindliche Verfügungen zn treffen; diese müssen Uns jedoch, soweit es noch nicht geschehen ist, zur Bestätigung vorgelegt werden, welche ihnen niemals ohne erhebliche Ursachen verweigert oder erschwert werden soll.“

Auch dieses Edikt ist nicht überall zur Ausführung gekommen, da für verschiedene Standesherrn eigene Deklarationen ergingen, welche gerade für die Autonomie abweichende Bestimmungen enthalten. So enthält § 8 der Deklaration für das fürstliche Haus Fürstenberg fast wörtlich den Text des Art. 14[1]) und verlangt im Gegensatz zum Edikt keine Bestätigung. Ähnlich sind die Deklarationen für das markgräfliche Haus die Häuser Leiningen-Billigheim, Leiningen-Neudenau und Salm-Krautheim, welche alle eine Bestätigung nicht verlangen.

Die Verordnung von 1819 enthält verschiedene von der Bundesakte abweichende Bestimmungen.

Die Worte nach den Grundsätzen der früheren deutschen Verfassung können blos auf die noch bestehenden Familienverträge bezogen werden, und es ist infolge dessen nicht gesagt, nach welchen Grundsätzen die neueren Verfügungen getroffen werden sollen. Auch fehlt eine Bekanntmachung, so daß die rechtliche Wirksamkeit gegen Dritte hier schon mit der Vorlage resp. Bestätigung eintritt. Die Einzeldeklarationen verordnen hierzu im Gegensatz, daß die getroffenen Verfügungen von den höchsten Landesstellen zur allgemeinen Kenntniß und Nachachtung gebracht werden.

In Bayern war durch die oben erwähnte Verordnung vom 19. März 1807 in Verbindung mit der Erläuterung vom gleichen Jahre die Autonomie den standesherrlichen Familien garantiert worden.

Die näheren Festsetzungen finden sich in dem Edikt vom 26. Mai 1818 betreff: die staatsrechtlichen Verhältnisse der Fürsten, Grafen und Herren, welches als IV. Beilage der Verfassungsurkunde beigegeben ist.

§ 9. Ihre nach den Grundsätzen der früheren deutschen Verfassung noch bestehenden Familienverträge bleiben aufrecht erhalten, und sie haben die Befugnis über ihre Güter und Familienverhältnisse verbindliche Verfügungen zu treffen, welche dem Souverän vorgelegt werden müssen, worauf sie soweit sie nichts gegen die Verfassung enthalten, durch die obersten Landesstellen zur allgemeinen Kenntnis und Nachachtung gebracht werden.[2])

Die Notwendigkeit einer landesherrlichen Bestätigung ist in Bayern nicht verlangt, sondern blos eine Vorlage an den Souverän[3]) gerade wie in der Bundesakte, nur fügt das Edikt noch erläuternd hinzu zur Prüfung, ob die Verfügungen nichts gegen die Ver-

---

[1]) v. Zangen Verfassungsgesetze I. S. 535.
[2]) v. Zangen I. S. 326.
[3]) v. Roth I. S. 111 Note 8 behauptet, es sei eine Vorlage nicht vorgeschrieben, ebenso auch nicht die Bekanntmachung und werde auch nicht ausgesprochen.

fassung enthalten, worauf dieselben durch die obersten Stellen zur allgemeinen Kenntnis und Nachahmung gebracht werden.

Der Schlußsatz „alle dagegen erlassenen Verordnungen sollen für die Zukunft nicht weiter anwendbar sein“ fehlt mit Recht, denn es waren keine Aufhebungsgesetze ergangen.[1])

Im Großherzogtum Hessen war am 17. Februar 1820 ein Edikt ergangen, welches in die am 17. Dezember gleichen Jahres gegebene Verfassung übergegangen ist, indem Art. 37 bestimmt, daß die Rechtsverhältnisse der Standesherrn durch das hierüber erlassene Edikt vom 17. Febr. 1820 geregelt werden, welches einen Bestandteil der Verfassung bildet. § 10 des Edikts hat folgenden Wortlaut: Die noch bestehenden Familienverträge der Standesherrn werden nach den Grundsätzen der früheren deutschen Verfassung aufrecht erhalten, und es wird ihnen die Befugnis zugesichert, über die Güter und die Familienverhältnisse verbindliche Verfügungen zu treffen, welche Uns vorgelegt werden müssen.

Unsere Bestätigung ist zwar zur Gültigkeit solcher Familienverträge und Verfügungen nicht erforderlich; allein Unsere Gerichte können auf den Inhalt künftiger Familienverträge nur dann erkennen, wenn solche vorstehender Maßen zu Unserer und Unseres Geheimen Staatsministeriums Kenntnis bereits gebracht, und insofern es dabei von Rechten und Verbindlichkeiten dritter Personen handelt, von dieser Unserer obersten Landesstelle öffentlich bekannt gemacht worden sind, hiernächst aber der Zeitraum verflossen ist, binnen dessen gesetzliche allgemeine Vorschriften in Wirksamkeit treten sollen.[2])

Eine Bestätigung der getroffenen Verfügungen wird ausdrücklich als nicht erforderlich erklärt. Sehr deutlich ergiebt sich der Anfangspunkt der Wirksamkeit gegenüber Dritten; soferne es sich um Rechte und Verbindlichkeiten Dritter handelt, müssen die Statuten von der obersten Stelle öffentlich bekannt gemacht werden, worauf deren Geltung aber nicht sofort eintritt, sondern erst nach Ablauf des Zeitraums, binnen dessen gesetzliche Vorschriften in Wirksamkeit treten, also in der Regel nach 14 Tagen von der Ausgabe des betreffenden Gesetzblattes ab gerechnet.

Im Königreich Preußen war schon bald nach der Unterzeichnung der Bundesakte am 21. Juni ein Edikt ergangen, welches alles dasjenige, was den Standesherrn in Art. 14 der Bundesakte garantiert ist, wiederholt und ausdrücklich zusichert. Hieran schloß sich eine Instruktion vom 30. Mai 1820, betreff. welcher der preuß. Gesandte erklärte, daß die Verhandlungen mit den Standesherrn seither fortgedauert hätten; man habe sich aber nicht

---

[1]) v. Seydel Staatsrecht I. S. 616.

[2]) Zangen I. 533.

früher als jetzt im Stande gesehen, dasjenige, was Art. 14 der BAkte und das Edikt vom 21. Juni 1815 in allgemeinen Grundzügen enthielten, durch eine vollständige Entwickelung ins Leben zu führen. Dies sei in der Instruktion vom 30. Mai geschehen.

§ 20 derselben bestimmt, wie folgt:

Nach den Grundsätzen der früheren deutschen Verfassung sollen nicht nur die noch bestehenden Familienverträge der standesherrlichen Häuser aufrecht erhalten werden, sondern es soll auch diesen die Befugnis zustehen, fernerhin Verfügungen über ihre Familien- und Güterverhältnisse zu treffen. Jene Familienverträge und diese Verfügungen bedürfen jedoch, ehe sie eine vor den Gerichten verbindliche Kraft erhalten, Unserer Genehmigung, welche Wir ihnen auf vorhergegangene Begutachtung der Provinzialregierung und nach Umständen auch des Oberlandesgerichts nicht versagen werden, soferne weder gegen die Rechte dritter Personen, noch auch gegen die Landesgesetze etwas darin enthalten ist. So weit es erforderlich ist, soll der Inhalt derselben durch unsere Landesbehörde zur allgemeinen Kenntnis und Nachachtung gebracht werden. [1])

Dieses Edikt verlangt nicht allein für die ältern, noch bestehenden Familienverträge, sondern auch für die neuen Verfügungen die königliche Genehmigung. Dieser Ausdruck findet sich in den übrigen Verordnungen nicht und ist jedenfalls gleichbedeutend mit Bestätigung. Eine Bekanntmachung durch die oberste Behörde ist nur erforderlich, soweit durch die Verfügungen vielleicht Rechte Dritter, außerhalb des Familienkreises stehender Personen berührt werden. In der Instruktion vermißt man, ähnlich wie in der bayrischen Verordnung, den Schlußsatz: „Alle dagegen erlassenen Verordnungen sollen für zukünftige Fälle nicht weiter anwendbar sein.“ Daß die Instruktion diese Klausel nicht zu erwähnen brauchte, ergiebt sich daraus, daß bereits am 11. März 1818 eine kgl. Verordnung die „Fortdauer der agnatischen Erbfolgerechte in Lehen und Fideikommissen in den jenseits (links) der Elbe gelegenen preußischen Provinzen, in welchen die französischen Gesetze eingeführt waren, betreff.“ ergangen war, welche eingehend die Rechtsverhältnisse der Standesherrn in diesen Gebietsteilen regelte. Diese Verordnung steht auf dem Standpunkt der oben vertretenen Meinung, daß wohlerworbene Rechte dritter Personen durchaus nicht geschmälert, jedoch ältere Verträge aufrecht erhalten werden sollen, soweit sie in der Familie faktisch noch erhalten sind und hat folgenden Wortlaut.

§ 1. Diejenigen Lehen und Fideikommisse, welche vor der Einführung Unsers allgemeinen Landrechts nach dem Inhalt west-

---

[1]) v. Zangen I. S. 256.

phälischer oder französischer Verordnungen bereits völlig aufgehoben und in freies Eigentum verwandelt waren, bleiben auch fernerhin freies Eigentum. § 2. Wenn dagegen nach dem Inhalt jener fremden Verordnungen die Verwandlung in freies Eigentum erst bei einem künftigen Successionsfall eintreten sollte und wenn dieser vorbehaltene Successionsfall zur Zeit der Einführung Unseres allgemeinen Landrechts noch nicht eingetreten, wohl aber stets möglich geblieben war, so soll die vor der fremden Gesetzgebung geltend gewesenen Erbfolge der Agnaten aufs neue hierdurch bestätigt sein. § 3. Wenn in diesem zweiten Falle, vor der Einführung Unseres allgemeinen Landrechtes der Besitzer das Lehen oder Fideikommis ganz oder zum Teil veräußert oder verpfändet oder demselben Lasten irgend einer Art auferlegt hat, so sind dadurch nur diejenigen Mitglieder der Familie gebunden, welche entweder selbst eingewilligt haben oder nicht in dem Falle waren, daß die in jenen fremden Verordnungen vorbehaltene Succession auf sie fallen konnte.[1])

Gegen die Württembergische Regierung, welche jede Autonomieberechtigung durch die oben zitierten Verordnungen völlig aufgehoben hatte, liefen bald nach dem Zusammentritt der Bundesversammlung eine große Anzahl von Beschwerden wegen Nichterfüllung der durch Art. 14 zugesicherten Rechte ein. Als nach dem Congreß ein Teil der vormaligen Reichsstände bei der Regierung um Gewährung des ihnen in der BAkte vorläufig bestimmten Rechtszustandes angehalten hatte, ward in einem kgl. Reskript vom 18. Oktober 1815 folgende Antwort: „Seine Majestät hätten die unter dem Titel „Deutsche BAkte" herausgekommene vorläufige Verfassung nicht ratifiziert noch agnosciert, es müsse sie befremden, daß jene Standesherrn nicht mit Geduld und Unterwerfung den Zeitpunkt abwarteten, wo Sr. Maj. diese wie jede andere von Ihnen wirklich übernommene Verbindlichkeit in Erfüllung setzen würden."[2]) Zur Rechtfertigung gab der Gesandte am 2. März 1818 folgende Erklärung zu Protokoll: „Seine Majestät habe durch das neue Adelsstatut und mehrere dasselbe vervollständigende Entscheidungen die Rechte der Standesherrn in einem Umfang festgesetzt, welcher die Bestimmungen des Art. 14 nicht nur erschöpfe, sondern in mehreren Punkten noch erweitere, ꝛc. ꝛc." Wiederholt in der Bundesversammlung interpelliert erklärte die Gesandtschaft am 31. Januar 1822 „Se. Majestät der König, von dem besten Wunsche geleitet, die weitere Begründung und Feststellung des den vormaligen Reichsständen durch Art. 14 der Bundesakte zugesicherten Rechts-

[1]) Klüber, Abh. u. Beobacht. S. 140.
[2]) Akten II S. 565 ff.

zustandes durch eine gütliche Vereinbarung mit den Beteiligten als der vorzüglichsten Bedingung eines allseitig befriedigenden Erfolgs herbeizuführen, hätte bereits im Jahre 1818 mit mehreren derselben Verhandlungen in dieser Absicht eröffnen lassen; diese seien im Jahre 1819 fortgesetzt worden und hätten zu der durch die kgl. Deklaration vom 8. August 1819 bekannt gemachten Vereinbarung mit dem fürstlichen Hause Thurn und Taxis geführt, welcher bald darauf auch Vereinbarungen mit den gräflichen Häusern Waldeck und Isenburg-Meerholz gefolgt seien, die durch die kgl. Deklarationen vom 25. August und 21. November 1819 ihre Vollziehung erhalten hätten." [1])

Diesen Deklarationen sind in späterer Zeit noch viele gefolgt, so daß die Rechtsverhältnisse sämmtlicher württembergischen Standesherrn mit Ausnahme der fürstl. Häuser Öttingen-Wallerstein, Bentheim-Bentheim und Löwenstein-Wertheim, über deren Rechtszustand keine Verordnungen ergingen, geregelt sind. [2])

Die erste grundlegende Vereinbarung wegen der staatsrechtlichen Verhältnisse des fürstl. Hauses Thurn und Taxis enthält in § 10 folgende Festsetzung über die Autonomie:

Die nach den Grundsätzen der früheren deutschen Verfassung noch bestehenden Familienverträge des fürstlichen Hauses bleiben aufrecht erhalten, und alle bisher dagegen erlassenen Verfügungen sollen für künftige Fälle nicht weiter anwendbar sein. In Gemäßheit derselben kann das Haupt der Familie über seine Güter und Familienverhältnisse verbindliche Verfügungen treffen, welche dem Souverän vorgelegt werden müssen, worauf sie, soweit sie nichts gegen die Verfassung enthalten, durch die obersten Landesstellen zur allgemeinen Kenntnis und Nachachtung gebracht werden.

Ähnlich lautet § 10 der Deklaration wegen der staatsrechtlichen Verhältnisse des Grafen von Waldeck, wobei es heißt: In Gemäßheit derselben kann das Haupt der Familie über seine Guts- und Familienverhältnisse, jedoch ohne Beeinträchtigung der Rechte der Familienglieder, verbindliche Verfügungen treffen.

Sämmtliche Vereinbarungen verlangen eine Bestätigung nicht, sondern blos eine Vorlage an den Landesherrn, ganz genau wie in Bayern.

Auffällig ist, daß dem Haupte der Familie die Befugnis zugestanden wird, über seine Güter- und Familienverhältnisse verbindliche Verfügungen zu treffen. Es kann sich diese Befugnis blos auf das seiner freien Disposition unterworfene Vermögen

---

[1]) v. Zangen I. 384, 385.

[2]) Über die Frage, ob diese einseitigen Deklarationen ohne Zustimmung der Stände erlassen werden konnten, v. Mohl Württ. Staatsrecht I. 466 und Sarwey I. S. 312 Note 5.

beziehen, denn es konnte durch die Vereinbarung nicht den übrigen Familiengliedern die Möglichkeit abgesprochen werden, über Familienverhältnisse durch übereinstimmende Willenserklärung Familienverträge zu errichten.

Dies wollte die Deklaration auch nicht, denn durch die Worte „in Gemäßheit derselben", welche sich blos auf die Grundsätze der früheren Verfassung beziehen können, ist deutlich gezeigt, daß neue Verfügungen nur nach diesen Grundsätzen getroffen werden können, und daß in Gemäßheit dieser das Haupt allein verbindliche Verfügungen nicht erlassen kann, ist oben erwähnt.

In Sachsen ist der Autonomie des hohen Adels durch die gesetzliche Bestimmung des § 29 des bürgerlichen Gesetzbuches Rechnung getragen, daß Statuten, Hausgesetze und Familienverträge, welche dem öffentlichen Recht gemäß errichtet sind, den allgemeinen bürgerlichen Gesetzen vorgehen.

Historisches Interesse haben die Deklarationen, welche Hannover und das Curfürstentum Hessen erlassen hat. In letzterem sollte es hinsichtlich der Familienverträge bei den Bestimmungen des Art. 14 verbleiben [1]), während im ersteren dieselben, soweit sie nichts gegen die Verfassung und iura quaesita Dritter enthalten, einer kgl. Bestätigung bedurften. [2])

Diese soeben angeführten Verordnungen, Edikte und Deklarationen, die größtenteils in die späteren Verfassungen übergegangen und infolge dessen einer einseitigen, legislativen Aufhebung entzogen sind, bilden das gegenwärtig geltende Recht des hohen Adels. Garantirt war der Rechtszustand durch Art. 63 des zweiten Grundgesetzes des deutschen Bundes, nämlich durch die Wiener Schlußakte, welcher bestimmt:

„Es liegt der Bundesversammlung ob, auf die genaue und vollständige Erfüllung derjenigen Bestimmungen zu achten, welche der 14. Art. der Bundesakte in Betreff der mittelbar gewordenen ehemaligen Reichsstände und des ehemaligen unmittelbaren Reichsadels enthält. Diejenigen Bundesglieder, deren Ländern die Besitzungen derselben einverleibt worden, bleiben gegen den Bund zur unverrückten Aufrechterhaltung der durch jene Bestimmungen begründeten staatsrechtlichen Verhältnisse verpflichtet, und wenn gleich die über die Anwendung der in Gemäßheit des 14. Art. der Bundesakte erlassenen Verordnungen oder abgeschlossenen Verträge entstehenden Streitigkeiten an die competenten Behörden des Bundesstaates, in welchen die Besitzungen der mittelbar gewordenen Fürsten, Grafen und Herren gelegen sind, zur Entscheidung gebracht werden müssen, so bleibt denselben doch im Falle der verweigerten gesetz-

---

[1]) v. Zangen I. 576. [2]) v. Zangen 346, 369.

lichen und verfassungsmäßigen Rechtshilfe oder einer einseitigen, zu ihrem Nachteil erfolgten legislativen Erklärung der durch die Bundesakte ihnen zugesicherten Rechte der Reccurs an die Bundesversammlung vorbehalten und diese ist in einem solchen Falle verpflichtet, wenn sie die Beschwerde begründet findet, eine genügende Abhilfe zu bewirken.

Eine Beschwerde wegen Verletzung der standesherrlichen Autonomie ist nicht an die Versammlung gebracht worden, sei es, daß die Souveräne sich genau nach den Bestimmungen des Art. 14 gehalten haben, oder weil wichtigere materielle Interessen der hohen adeligen Familien von Seite dieser zur Verbescheidung dort anhängig gemacht wurden.

IV. Kapitel.

Fortwirkung der partikulären Grundsätze. Standpunkt des Entwurfs für ein bürgerliches Gesetzbuch in Deutschland.

Ob mit der Auflösung des deutschen Bundes und mit Gründung des deutschen Reichs, das, wie fast allgemein anerkannt ist, keine Rechtscontinuität des früheren Bundes ist, die den Standesherrn durch Art. 14 zugesicherten Rechte aufgehoben, oder ob diese auch dem Reiche gegenüber beansprucht werden können, ist eine schon oft ventilierte Streitfrage, die hier in kurzem übersichtlich berührt werden soll.

Die eine Meinung geht dahin, daß der Fortbestand dieser Rechte aus den Bestimmungen der Bundesakte, welche den Charakter von vertragsmäßigen Verpflichtungen in sich trügen, zu folgern sei, und daß ohne Zustimmung der Beteiligten, zu welchen auch die Standesherrn gehören sollen, diese Rechte nicht hätten aufgehoben werden können und daß ferner die Zusicherungen, welche den hohen adeligen Familien in bundesmäßiger Verpflichtung gemacht worden seien, Bestandteile der privaten Rechtssphäre der Beteiligten geworden seien.[1])

Dieser Ansicht kann nicht beigepflichtet werden, da, wie bemerkt, zwischen dem deutschen Bund und dem norddeutschen resp. dem neuen Reiche keine Rechtsfortsetzung besteht, wodurch dieses verpflichtet wäre, frühere Zusicherungen, bei denen die Standesherrn nicht vertragschließende Teile waren, zu halten.[2])

---

[1]) Heffter Sonderrechte S. 59. 60. Zachariae Denkschrift S. 86 ff. Staats- und Bundesrecht I. S. 105. Schulze in v. Holtzendorff Encyklopädie S. 1275.

[2]) Meyer Lehrbuch des Staatsrechts S. 671 Note 9 und die dort zitierte Litteratur.

Die Bundesakte war nichts anderes, als ein internationaler Vertrag und wurde erst durch Verkündigung als Landesgesetz für alle Unterthanen bindend.[1]) Es erwuchsen für die Souveräne und freien Städte vertragsmäßige Bundespflichten gegenüber dem Bund; es gab nur eine Controle, daß diese Pflichten, welche das einzelne Glied übernommen hatte, auch wirklich erfüllt wurden. Diese Controle ist durch die Ereignisse des Jahres 1866 weggefallen, aber das Landesrecht, welches den Standesherrn in Erfüllung der bundesmäßigen Verpflichtung bestimmte Rechte garantiert hat, hat nichtsdestoweniger seine fortdauernde Geltung behalten und könnte, da es fast durchgängig Verfassungsrecht ist, nur unter Beobachtung der für Verfassungsänderungen vorgeschriebenen erschwerenden Bedingungen aufgehoben werden.[2]) [3])

Die Anschauung, daß die Gesetzgebung des neuen deutschen Reichs auf Grund des Art. 4 Ziff. 13 der Reichsverfassung und des Zusatzes vom 20. Dezember 1873, durch welchen die Kompetenz auf die Gesetzgebung über das gesamte bürgerliche Recht ausgedehnt ist, berechtigt sei, die Autonomie des hohen Adels einer selbstständigen und von den Landesgesetzen abweichenden Regelung zu unterziehen, ist mit Schärfe im Entwurf eines bürgerlichen Gesetzbuchs für Deutschland betont.

Bereits durch die Reichsgesetze über die Beurkundung des Personenstandes vom 6. Februar 1875 und über den Großjährigkeitstermin vom 16. Februar gleichen Jahres sind die Hausgesetze der standesherrlichen Familien, soweit sie mit jenen in Widerspruch stehen, stillschweigend aufgehoben worden.[4])

Bevor jedoch die Bestimmungen, welche der Entwurf trifft, wiedergegeben werden, dürfte es nicht ohne Interesse sein, einen Blick auf die Verhandlungen der Vorkommission und der Gesetzgebungskommission zu werfen, um zu ersehen, daß die im Entwurfe niedergelegten Grundsätze über die Autonomie erst allmählich sich aus dem Schoße der betreffenden Komissionen herausgerungen haben und daß anfänglich die Entwürfe und Pläne der Prärogative des hohen Adels nicht gerade günstig gegenüber standen.

---

[1]) Vergl. die bayr. Verordnung vom 18. Juni 1816.

[2]) Zu der Meinung, wonach nur die allgemeinen Bestimmungen der Bundesakte als aufgehoben betrachtet werden müßten, dagegen die besonderen auch jetzt noch gelten, vergl. die Erinnerungen und Vorschläge des Curhessischen Herrn Bevollmächtigten betreff. die Verweisung der Art. 12, 13, 14 in Separat-Artikel Akt. II, S. 465, woraus klar hervorgeht, daß die nach diesem Vorschlag vorgenommene Trennung in zwei Teile rein zufällig ist.

[3]) Über diese Bedingungen siehe Bayr. Verf.-Urk., Tit. X § 7, Württemb. Verf.-Urk. § 176. Hessische Verf.-Urk. § 110.

[4]) Ander Meinung bez. des Gesetzes über den Großjährigkeitstermin Beseler Denkschrift über den Entwurf. S. 35 ff.

So lesen wir in dem amtlichen Berichte der vom Bundesrat zur Ausarbeitung eines Entwurfs eingesetzten Kommission (besondere Beilage zum Deutschen Reichsanzeiger Nr. 2 vom 13. Januar 1877) folgende Sätze:

1. Ein bürgerliches Gesetzbuch für das deutsche Reich hat nur Privatrecht zu enthalten. Auch von dem Privatrecht sind mehrere Rechtsmaterien teils aus geschichtlichen, teils aus inneren Gründen von der Aufnahme in das Gesetzbuch ausgeschlossen, so namentlich

e) die im Absterben begriffenen Institute überwiegend germanischen Ursprungs, welche als trümmerhafte Reste mittelalterlichen Wirthschafts- und Verwaltungssystems in die Gegenwart hinein ragen; sie können dem Landesrecht, unter welchem sie bestehen, überlassen bleiben und die Aufgabe des bürgerlichen Gesetzbuchs wird insoweit lediglich eine negative sein, nämlich in gesetzlicher Begrenzung ihrer weiteren Zulassung bestehen. Dahin gehören das Lehnrecht, das Recht der Stammgüter.

Diesem von der Vorkommission entworfenen Plane hat sich mit geringer Abweichung die Gesetzgebungskommission angeschlossen, welche sich folgendermaßen äußert:

Das bürgerliche Gesetzbuch soll sich auf das gesamte bürgerliche Recht erstrecken mit den nachstehenden Ausnahmen und näheren Bestimmungen.

4. Ausgeschlossen bleibt ferner das Lehnrecht und das Recht der Stammgüter, vorbehaltlich der künftigen Entscheidung der Frage, ob diese Institute ferner zuzulassen und welche Stellung ihnen eventuell zu den Bestimmungen des bürgerlichen Gesetzbuchs zu geben sei.

Es kann dahin gestellt bleiben, ob die Meinung, die Beseler in seiner Denkschrift darlegt, nämlich, daß beide Kommissionen das Privatfürstenrecht deshalb von ihren Erwägungen ausgeschlossen haben, weil sie dasselbe den hochadeligen Familien im alten Umfange gewährleisten wollten, die richtige ist, oder ob nicht vielmehr gerade aus den Bestimmungen über die Stammgüter, unter denen man gewöhnlich die des hohen Adels begreift, aus ihrer Stellung zu den Fideikommissen und aus dem Stillschweigen über das Privatfürstenrecht die Schlußfolgerung gezogen werden darf, daß die Autonomie für den Geltungsbereich des bürgerlichen Gesetzbuchs aufgehoben sei. Für diese Ansicht spricht noch der Umstand, daß das Familien- und Erbrecht des hohen Adels wesentlich dem Privatrecht angehört, daß dieses Recht nur in einem beschränkten Kreise gilt und von selbstständigen Rechtsprinzipien beherrscht wird, daher zu den Spezialrechten zu rechnen ist und daß in den sub Ziff. 6 des Planes der Gesetzgebungskommission aufgeführten Spezialrechten, welche der Regelung der Landesgesetzgebung überlassen werden sollten, von dem Privatfürstenrecht keine Rede ist, auch bezüglich der in Ziff. 7 bemerkten Rechte, welche im Einführungsgesetz behandelt werden sollten, keinerlei Vorbehalt zu Gunsten der Autonomie gemacht ist.

Eine bestimmte Stellung nimmt der Entwurf zu dem Privatfürstenrecht.

Dieser äußert sich folgendermaßen:

Die Autonomie der mediatisierten Häuser hat mit Aufhebung des deutschen Bundes ihre außerhalb des Landesrechts liegende staatsrechtliche Grundlage verloren. Weggefallen ist die bundesgesetzliche Gewähr, weggefallen die Verpflichtung der Einzelstaaten, den bundesgesetzlich geordneten Rechtszustand unangetastet zu lassen, eine Verpflichtung, welche den Bundesstaaten unter einander, nicht gegenüber den Mediatisierten oblag.

Die Reichsgesetzgebung steht der Autonomie des hohen Adels mit derselben Machtvollkommenheit gegenüber, wie dem Gesetzgebungsrecht der Einzelstaaten. Desgleichen treffen die für die Aufrechterhaltung des Sonderrechts der regierenden Familien ausschlaggebenden Gründe in Ansehung der Familien des mittelbaren hohen Adels nicht zu. Die Häupter und Mitglieder dieser Familien sind Unterthanen, das für sie geltende besondere Recht hat die dem Sonderrecht der regierenden Familien eigene staatsrechtliche Seite nicht aufzuweisen. Gleichwohl sprechen gewichtige Erwägungen dafür, den mediatisierten Häusern Raum für die Bethätigung ihrer Autonomie innerhalb gewisser Schranken zu belassen. Es liegt im öffentlichen Interesse, daß diesen Familien die Möglichkeit gewährt wird, die auf ihrer Ebenbürtigkeit beruhende Standesgenossenschaft mit den regierenden Häusern aufrecht zu erhalten und dies hat eine entsprechende Sondergestaltung ihres Güter- und Familienrechts zur notwendigen Voraussetzung. Dazu kommt, daß eine völlige Beseitigung des bestehenden bezüglichen Sonderrechts nicht wohl angängig ist.

Vermöge der eigenartigen Natur des autonomen Rechts, welcher zufolge die Setzung der Norm und die rechtsgeschäftliche Anwendung der gesetzten Norm vielfach zusammenfallen, würde namentlich die Beseitigung des besonderen Güterrechts einen schweren Eingriff in erworbene Rechte und rechtlich geschützte Aussichten enthalten. Die Stammgutsverbände können nicht für aufgelöst, die Familiengüter nicht für freies, dem gewöhnlichen Erbgange unterworfenes Vermögen erklärt werden. Eine solche Umwälzung privater Verhältnisse, welche mit dem Entwicklungsgange der Rechtsgeschichte in unmittelbarem Zusammenhang stehen, ihrer Natur nach auf die Dauer von Geschlechtern berechnet sind, und den Mittelpunkt großer, weitverzweigter, über den Familienkreis hinausreichender Interessen bilden, wäre nur dann gerechtfertigt, wenn sie von dem öffentlichen Wohle in gebieterischer Weise gefordert würde.

Soweit es aber bei dem bestehenden Sonderrecht zu bewenden hat, ist auch die Möglichkeit zu eröffnen, dieses Recht nach Maßgabe der jeweiligen Verhältnisse und Bedürfnisse zu ändern, dasselbe zeitgemäß fortzubilden, zu ergänzen und zu läutern. Eine erhebliche Beeinträchtigung der Rechtseinheit ist damit nicht verbunden. Der Entwerfung des Einführungsgesetzes bleibt vorbehalten, den Bereich der Autonomie des mittelbaren hohen Adels, soweit derselben künftig Raum bleibt, durch Bezeichnung des ihr unterworfenen Rechtsstoffs näher zu bestimmen. Selbstverständlich haben die grundlegenden Principien und allgemeinen Institutionen des bürgerlichen Gesetzbuchs auch auf dem dieser Autonomie überlassenen Gebiete unbedingte Anwendung zu finden.[1])

Im Anschlusse an den Entwurf bestimmt der Entwurf eines Einführungsgesetzes zum bürgerlichen Gesetzbuch:

Art. 34. In Ansehung der Familienverhältnisse und der Güter der ehmals reichsständischen, seit 1806 mittelbar gewordenen Häuser, sowie des ehemaligen Reichsadels bleiben die Vorschriften der Landesgesetze, sowie nach Maßgabe der Landesgesetze die Vorschriften der Hausverfassungen unberührt.

Art. 35. Unberührt bleiben die Vorschriften der Landesgesetze über Familienfideikommisse und Lehen einschließlich der allodifizierten Lehen, sowie über die Stammgüter.

Wie das Prinzip der Ebenbürtigkeit zur Zeit des Mittelalters ein Hauptfaktor mit war, daß sich die hohen Adelsfamilien standesmäßig abschlossen, und aus dieser Abgeschlossenheit zum großen Teile das Interesse der Familie an der Erhaltung und Vermehrung des Besitzes sich entwickelte, so ist auch nach dem Entwurf die Ebenbürtigkeit, welche die Standesgemeinschaft zwischen den souveränen und mittelbaren Familien erhält und indessen auch das Familienrecht für die standesherrlichen Kreise bewahrt, die Veranlassung gewesen, daß für Güter- und Familienrecht eine entsprechende Sondergestaltung zugelassen ist.

Zu beachten ist ferner, daß die souveränen Häuser an der Erhaltung des Privatfürstenrechts nicht unbeteiligt sind, denn die Rechte der einzelnen regierenden Häuser entbehren zum Teile mehr oder minder einer gewissen Vollständigkeit, es kann daher eine Ergänzung nur aus dem historisch entwickelten gemeinsamen Standesrecht entnommen werden.

---

[1]) Entwurf S. 12, 13. Bezügl. des Stammgüterrechts vergl. Motive zum Entw. III. S. 5.

Über die Frage, ob der Entwurf dadurch, daß er das Autonomierecht des Adels von dem Kreise seiner Bestimmungen ausgeschlossen und dem Landesrecht überwiesen hat, das richtige getroffen hat, oder ob es nicht besser gewesen wäre, dasselbe dem wandelbaren Einflusse der Landesgesetzgebung zu entziehen, soll hier nicht des weiteren gesprochen werden. Gegen eine reichsrechtliche Behandlung der Frage spricht der Umstand, daß die geschichtliche Entwickelung, welche das Sonderrecht des hohen Adels genommen hat, es verbietet, dasselbe von der Landesgesetzgebung loszulösen. Zu beachten ist ferner, daß, wenn auch das Privatfürstenrecht wesentlich dem Privatrecht angehört, doch wegen des innigen Zusammenhangs mit dem Staatsrecht eine reichsrechtliche Behandlung die Landesgesetzgebung in einer staatsrechtlichen Materie beschränken würde, wozu das Reich auf Grund der Verfassung eine Befugnis nicht besitzt. Eine reichsrechtliche Behandlung würde sich hauptsächlich deshalb empfehlen, weil ein großer Teil der reichsständischen Besitzungen verschiedener Landesherrn subjiciert ist, und es zu schweren Unzuträglichkeiten führen kann, wenn in den einzelnen Bundesstaaten für das Recht desselben Hauses verschiedene Bestimmungen zur Anwendung kommen.

Die Streitfrage, welche die Fassung der Bundesakte, daß die neu getroffenen Verfügungen bei den höchsten Landesstellen zur allgemeinen Kenntnis und Nachachtung gebracht werden müssen, hervorgerufen hat, ist durch Art. 37 des Einführungsgesetzes zum bürgerlichen Gesetzbuch dahin gelöst, daß die in Art. 33—35 zu Gunsten der Landesgesetzgebung und der Autonomie aufgestellten Vorbehalte einer Einschränkung dahin bedürfen, daß diejenigen landesgesetzlichen oder autonomen Vorschriften, welche mit den Grundsätzen des bürgerlichen Gesetzbuchs über den Schutz gutgläubiger Dritter nicht im Einklang stehen, fortan ihre Geltung verlieren. Es rechtfertigt sich diese Bestimmung hauptsächlich im Interesse des Verkehrs und es erscheint die angemessene Veröffentlichung der Hausgesetze deshalb auch geboten.[1])

Wenn es auch nicht geleugnet werden kann, daß es zur Wahrung eines gleichförmigen Rechtszustandes von Vorteil gewesen wäre, die Autonomie des hohen Adels unter den Schutz der Reichsgesetzgebung zu stellen, zumal die Verpflichtung der Bundesstaaten weggefallen ist, die durch Art. 14 der BAkte zugesicherten Rechte unangetastet zu lassen und daher die Rechtsstellung der Standesherrn von der künftigen Landesgesetzgebung abhängig ist, auf welche der hohe Adel trotz seines Sitzes in der Kammer keinen entscheiden-

[1]) Gutachten aus dem Anwaltstand über die erste Lesung des Entwurfs eines bürgerl. Gesetzbuchs S. 5.

den Einfluß ausüben kann, so haben doch auf der anderen Seite die Standesherrn bis jetzt wenigstens keinen Grund, mit den Bestimmungen des bürgerlichen Gesetzbuchs unzufrieden zu sein, da dieses, abgesehen von der Veröffentlichung der Hausgesetze in die ihnen durch die Landesgesetze zugesicherte Rechtssphäre in keiner Weise eingreift. Es ist zu begrüßen, daß die weit verbreitete Ansicht, welche die politische Freiheit wesentlich in der unbedingten Gleichheit der Rechtsinstitute für alle Staatsbürger findet und welche daher den besonderen Einrichtungen des hohen Adels nicht gerade sympatisch gegenüber steht, in den Entwurf keinen Eingang gefunden hat. Wie der Reichstag und Bundesrat sich der Frage gegenüber stellen werden, ist zur Zeit nicht abzusehen, doch ist aus verschiedenen Gründen schon jetzt die Annahme nicht unbegründet, daß die im Entwurf aufgestellten Grundsätze von den gesetzgebenden Faktoren unverändert angenommen werden.

Es müßte auch, wenn ein so wesentliches Recht beschränkt oder gar aufgehoben würde, zuvor mit Evidenz nachgewiesen sein, daß der Fortbestand dieses Rechtes für das Wohl der Unterthanen verderblich und für die Ruhe des Staats gefährlich wäre, um ein ius eminens eintreten zu lassen.

Da aber die Autonomie weit entfernt ist, ein solches Recht zu sein, so wird man mit den Standesherrn verlangen dürfen, daß sie dieselbe frei von Einmischung und Bestätigung eines Oberen als ein köstliches, zur Erhaltung des Familienglanzes unentbehrliches Recht, bei dem auch der Staat interessirt ist, daß diese bevorrechtigte Klasse zu einer, ihrem Stande angemessenen Existenz qualifiziert ist, für sich zu beanspruchen haben.[1])

---

[1]) Akten II. Heft 4. S. 24.

J. Schweitzer Verlag, München.

Bauer, O., Die Dareingabe beim Kauf nach römischem Rechte. gr. 8° (90 S.) 1887. ℳ 1.50.

Danzer, M., Das bayer. Landrecht (Codex Max. bav. civ.) v. J. 1756 in seiner heutigen Geltung. Text m. Anm. u. Sach-Reg. Kl. 4°. XVI. u. 373 S. 1894. br. ℳ 8.—. gebd. ℳ 10.—.

Frankenburger, H., Das Reichsgesetz betr. die Kommanditgesellschaften auf Aktien und die Aktiengesellschaften. Text-Ausgabe mit Anmerkungen und Sachregister. 12° (153 S.) 1889. Cart. ℳ 1.50

Frantz, L., Die rechtl. Stellung des Handlungsreisenden nach dem allgem. dtschn. Handelsgesetzbuch für Juristen und Kaufleute. 8° (74 S.) 1892. ℳ 1.—.

Gemeindezeitung, bayerische. Organ für alle Gemeindeangelegenheiten des rechtsrhein. Bayern und der Pfalz. Herausgegeben von Oberstaatsanwalt Dr. v. Hauck. I./III. Jahrgang 1891—93. 4°. Ermäßigter Preis à ℳ 4.—.
— Dieselbe IV. Jahrg. 1894 (36 Nummern) im Abonnement ℳ 8.—.

Haimann, J., Die rechtliche Natur der subsid. Vertretungsverbindlichkeit dritter Personen nach den Zoll- und Steuergesetzen d. dtschn. Reiches. 8°. (60 S.) 1892. ℳ 1.20

Heberle, M. A., Hypnose und Suggestion im deutschen Strafrecht. 8°. (48 S.) 1893. ℳ 1.20.

Henrich, R., Schulpflicht und Lehrplan der bayer. Volksschule. 8°. (24 S.) 1893. ℳ —.60.

Hofmann, A., Histor. und dogmat. Darstellung des Anerkenntnisses im Zivilprozeß. 8° (48 S.) 1892. ℳ 1.—.

Homberger, P., Der Begriff des politischen Deliktes und dessen Verwertung im materiellen Strafrecht des deutschen Reiches. 8°. (73 S.) 1893. ℳ 1.80.

Höcht, Fr., Systemat. Darstellung des im rechtsrhein. Bayern geltenden Jagdrechts. 8°. (43 S.) 1893. ℳ 1.—.

Jaeger, E., Die Voraussetzungen eines Nachlaßkonkurses. 8°. (62 S.) 1893. ℳ 1.40.

Koch, K., Systematische Übersicht über die Gesetzgebung des Deutschen Reiches von 1867 bis 1889. 8° (X und 154 S.) 1890. ℳ 2.50.

Kraus, K., Die Vereinbarung über die Zuständigkeit der Gerichte, histor.-dogmatisch dargestellt. Lex. 8° (71 S.) 1888. ℳ 3.—.

Lindner, F., Kommentar zur bayer. Gemeindeordnung für die Landesteile diesseits des Rheins. Gesetz vom 29. April 1869. 2. völlig umgearbeitete Aufl., mitherausg. von Dr. Th. von Hauck. (Im Erscheinen.) ca. ℳ 6.—.

Maurer, O., Praktische Anleitung zur anwaltschaftlichen Buch- und Geschäftsführung. Lex. 8° (19 S.) 1891. ℳ —.80.

Mayr, G. v., Der Staat als Schuldner und als Gläubiger. Lex. 8° (20 S.) 1890. ℳ —.60.

Meyer, Fr., Land- und forstwirthschaftlicher Betriebsunfall. 8°. (24 S.) 1893. ℳ —.60.

Mößmer, F., Die mittelbare Thäterschaft in gleichzeitiger Berücksichtigung des Hypnotismus im Strafrecht. 8°. (109 S.) 1892. ℳ 2.—

Neumeyer, K., Historische und dogmatische Darstellung des strafbaren Bankerotts. Preisschrift. Lex. 8°. (198 S.) 1891. ℳ 4.—.

Roßmann, W., Ist die öffentliche Aufforderung zum Streik strafbar? 8°. (88 S.) 1892. ℳ 1.50.

Rüdiger, A., Vereine und Genossenschaften. Ein Beitrag zum Verständnis der Vereins- und Genossenschaftsgesetzgebung. gr. 8° (23 S.) 1890. ℳ —.60.

Seitz, G., Die Alimentationspflicht des außerehelichen Erzeugers nach gemeinem Recht. gr. 8° (32 S.) 1891. ℳ 1.—.

Sicherer, Fr. v., Die gemeindliche Finanz-, Polizei- und Strafgewalt in Bezug auf Verbrauchssteuern und andere örtliche Abgaben. 8° (87 S.) 1893. ℳ 1.80.

Sigl, M., Die Entschädigung für Viehverluste in Folge von Milzbrand. Bayer. Gesetz v. 26. V. 1892. M. Anmerkgn. ɽc. kl. 8°. (60 S.) 1893. ℳ —.75.

Uscholb, G., Die in Bayern giltigen gesetzlichen und verordnungsmäßigen Vorschriften über den Gewerbebetrieb im Umherziehen. 2. Aufl. 8° (254 S.) 1892. cart. ℳ 2.80.

Webler, Ph., J., Zur Lehre von der sogenannten Transmissio Theodosiana. gr. 8° (24 S.) 1891. ℳ 1.—.

Druck von C. Brügel und Sohn in Ansbach.

FSC
www.fsc.org
MIX
Papier | Fördert gute Waldnutzung
FSC® C083411

Kolibri 360 GmbH
Ferdinand-Jühlke-Straße 7
99095 Erfurt, Deutschland
produktsicherheit@kolibri360.de